目次

ドンキにはなぜペンギンがいるのか

谷頭和希
Tanigashira Kazuki

a pilot of wisdom

第三章　チェーンストアは新たな地域共同体である――116

図版作成／ＭＯＴＨＥＲ

序章　日本中がチェーンストア

ある日の生活から

いつものように、大学の授業前に「ファミリーマート」で飲み物とお菓子を買って、それを飲み食いしながら授業を受ける。終わると、欲しい本があるので足早に大学から数駅のところにある「丸善ジュンク堂」に行って、ついでにそこからすぐの「ブックオフ」も覗《のぞ》いてみる。あ、そうだ、バイトで必要なものがあるんだった、と思い出して近くの「ダイソー」と向かいの「無印良品」も覗いて、値段と品質を吟味。ついでに「ユニクロ」でこれからの季節に備えた服でも見て帰ろう。最後に、近所の「肉のハナマサ」で家族に頼まれたものを買って帰る――。

大学時代、そんな一日を過ごして、家に帰ろうとしたとき、ふとあることに気がつきました。

あ、自分、今日、「チェーンストア」しか使ってないな。

食べ物を買うのも、本も服も、おつかいも、すべてチェーンストアで済ませていたのです。もちろん、いつもチェーンストアしか使わないわけではありません。個人経営の喫茶店に行くこともあれば、趣がある古着屋で服を買うことだってあります。

それでも、自分の生活を見直してみると、圧倒的にチェーンストアでものを買うことが多かったのです。

そんなある日、地方都市についての授業を受けていたときのこと。地方の多様な文化がチェーンストアの侵食によって失われている、という話題が話されていました。それを聞きながら、私は「ああ、チェーンストアをよく使う自分も、知らず知らずのうちにどこかの街の文化を衰退に追いこんでいるのかもしれないな」と感じました。それと同時に、「とはいえ、使ってしまうものは使ってしまうよな、便利だし」とも思ってしまいました。

私たちの生活に浸透しているチェーンストアは、さまざまに批判されています。大学の授業といわずとも、中学校や高校の授業で「地域の商店街vs.巨大チェーンストア」という構図で、チェーンストアが地域の多様性を壊すという話を聞いたことがあるかもしれません。高校の国語教科書に載る「世界中がハンバーガー」という評論（多木浩二『都市の政治学』に収録）では、マクドナルドに代表されるファストフード文化が強く批判されています。ハンバーガーなどのファストフードが世界中に広がることで、各国独自の食文化が壊されていくというのです。これもまた、チェーンストアやその背後に潜む資本主義的な側面が世界をつまらないものにしている、という議論でしょう。

ただ、私たちがいるのは、すでにチェーンストアが広く受容された世界です。コンビニエンスストアは便利だから使ってしまいますし、ファストフードを食べるときもある。とくに、中学生や高校生にとっては、百円ぐらいのドリンクやスナックでだらだらと過ごせるマクドナルドの店舗は第二の教室（あるいは部室）といってもいいぐらいかもしれません。

そのため、私はこのようなチェーンストア否定論に対して、一面では賛成しつつも、どこかで「いや、ほんとうにそうなのか？」という疑問も抱いてしまうのです。たとえば、ファストフードの提供する食文化が均質なものだとはいえ、そこで同じ時間を過ごした友人たちや家族との思い出は、それぞれの人に固有のものでしょう。私自身、生まれたときにはすでに自分の生活圏にたくさんのファストフード店があり、友人や家族たちとよく利用しました（いまでもお世話になっています）。そんな私自身の思い出は、固有のものだと思っています。だからこそ「ファストフードが生活を均質にする」という言葉に、完全にうなずけない私がいるのです。

はたして、チェーンストアは、ほんとうに世界を均質に、そしてつまらないものにしているのだろうか。

この本は、そんな、私が生活のなかで感じたふとした疑問から始まります。

「ドンキ」というチェーンストア

しかし、一口に「チェーンストア」といっても、その歴史は、日本だけでもすでに六十年近くの厚みを持っています。また、スーパーマーケットやコンビニ、ドラッグストアなど業態も多岐にわたっていて、どこからその全容をつかめばいいのかが難しい。それに、すべてのチェーンストアを扱っていたらとうてい一冊の本ではおさまりません。そんなわけで、この本では、数あるチェーンストアのなかから日本のチェーンストア界の異端児と呼ばれている存在を取り上げます。

「ドン・キホーテ」です。

黄色と黒の派手な看板に、商品が天井までうずたかく積み上げられた棚、複雑に入り組み、迷宮のようになった店内の通路、そして店内でずっと流れる「ドン ドン ドン ドンキ ドン・

キホーテ」というテーマソング……そう、驚安の殿堂として知られるディスカウントストア「ドン・キホーテ」、通称「ドンキ」（以下、ドンキと記します）です。

なぜ、ドンキなのか。それは、業界でその業績を伸ばし続けている数少ないチェーンストアだからです。

ドンキを運営するＰＰＩＨ（パン・パシフィック・インターナショナルホールディングス）は、二〇二一年六月に創業から三十二期連続増収という、企業としては驚異的な記録を達成しました。ドンキの強みは、外国人観光客向け需要（インバウンド需要）ですが、新型コロナウイルスの影響で外国人旅行客は大幅に減少。ドンキのみならずさまざまな小売店がその影響を被っただけに、このニュースは小売業界を驚かせたに違いありません。

グループの店舗数を見てみると、二〇一七年には総店舗数四百店舗を突破。二〇二一年十二月二十一日の時点で、国内五百九十四店舗、国外九十二店舗の計六百八十六店舗を展開しています。ドンキの公式サイトを見れば、ほぼ、毎月二店舗ずつのペースで新規出店が増えていることがわかります。その安定的な業績傾向は、近年、コロナ禍で業績が落ち込む他のチェーンストアに比べると際立つかもしれません。

さらに、ドンキが注目を集めるもう一つの原因として、その業態の多様化があるでしょう。

たとえば、羽田空港や新千歳空港には「ソラドンキ」と称される空港型店舗があります。パーキングエリア店舗の「ミチドンキ」や、ステイホーム向けの宅飲み需要を狙った酒類専門の「お酒ドンキ」も東京駅の八重洲地下街にオープン。また、「ユニー」のような既存のスーパーマーケットの買収などを通して、通常のスーパーマーケットのようなドンキも誕生しています。

いずれにしても、ドンキの躍進ぶりには目を見張るものがあります。

しかし、ドンキは小売業界のなかでは決して正統派の存在ではありません。ドンキはその異質な経営手法で、小売業界の異端児とされてきました。たとえば、商品棚を高くして、そこに隙間なく商品を並べる圧縮陳列という陳列方法は、その最たる例です。これは、同じチェーンストアでもコンビニやスーパーマーケットなどの整然とした陳列とは大違いでしょう。実際にドンキは、通常のチェーンストアに対する「逆張り（逆のことをやること）」をその経営の特徴としています。日本の多くのチェーンストアが所属する日本チェーンストア協会に所属していないこともそれをよく表しています。

そんな、異端児であるドンキが、いつのまにか業績を伸ばし続け、ある意味では「チェーンストアの代表選手」のようになっているのです。さらに坂口孝則『ドン・キホーテだけが、なぜ強いのか？』では、ドンキの経営モデルがほかのチェーンストアにも波及し始めていることが述べられています。ドンキがチェーンストアのありかたそのものに果たす役割が拡大しているわけです。

「チェーンストア」とは異質の方向性を目指しながら、しかし同時に「チェーンストア」として一大勢力を築くドンキ。そんな現代のチェーンストアの特徴的な姿を表すドンキを考えることは、「日本のチェーンストア」、ひいては「チェーンストアであふれた日本」について考えることにもつながるのではないでしょうか。

幼少期の思い出

ここまで、ドンキが創業以来業績を伸ばし続けている「チェーンストアの代表選手」であることと、チェーンストア業界の異端児であること、そしてそのことについて書く意義を述べてきました。ただ、私がドンキを執筆対象として選んだのには、さらに大きな理由があります。それは、私自身がドンキに強い思い入れがあるからです。そして、そのような個人的な思い出や思いつきを語ることこそ、チェーンストアやドンキについて考えるヒントになると思っています。どういうことでしょうか。

私が初めてドンキを意識したのは、小学校低学年だった二〇〇〇年代半ばです。私は当時、東京・池袋に住んでいて、家の近くにはドンキ北池袋店（東京都豊島区）がありました。両親が日用品や食品を買うのに利用していたということもあり、私は物心ついたころからそのドンキに足を運んでいました。

なにより記憶に残っているのは、そのドンキにあった「古代王者 恐竜キング」というカードゲームで遊ぶこと。恐竜キングは、カード対戦型のゲーム機械で、百円を入れると恐竜のカードが出てきて、それを読み取って恐竜同士で対戦するゲームです。当時の私は、強い恐竜のカードを集めることに夢中でした。こういう話になると、たいていは、「少ないお小遣いのなかからやりくりしてたまに恐竜キングで遊ぶのが楽しかった」という話になりがちですが、私の場合は違いました。私と同じぐらい、私の両親がハマったのです（ちなみに私の家族はその後も、ドラゴンボール、たまごっち、ドラゴンクエストといった同種のカードゲームにハマっていくことになります）。そのようにして、両親とともにドンキに行き、遊んでいた時期がありました。最初のうちはだいたい、いいカードが出なくて私がゴネるのですが、何回かやってもいいカードが出なくて、そのうち両親がムキになってきます。そこで最高ランクの恐竜のカードが出続けるまでプレイを続けるのです。通称、「大人買い」です。その結果入手した最高ランクの恐竜「スピノサウルス」にとてつもなく喜んだのはいまでも忘れられない思い出です。

気がつくと「ドンキに行けば恐竜キングで遊べる」という印象から、私のなかではすっかり「ドンキ＝楽しい場所」というイメージが定着していました。もちろんドンキに抱いていたイメージはそれだけではありません。その恐竜キングのコーナーに行くまでにドンキの店内を歩かないといけないのですが、まだ当時は身長が百二十センチもいかないぐらい。店内にうずたかく積まれた圧縮陳列がどこまでも伸びているような気がして、それを恐る恐る見ながら、「ここはなにかの迷路だろうか」と感じていました。複雑に入り組んだ店内通路は、大人になったいま見ればなんてことはありません。でも、子どもにとってはいつもとは違う場所に入り込んでしまったかのようだったのです。幼いながら、ドンキを異世界のように感じていたのです。

「楽しさ」の裏側で

このように、私はドンキに「楽しい場所」というイメージを持ち、頻繁に利用していました。しかし、私が恐竜キングをプレイし始めた二〇〇六年前後のドンキは、そんな「楽しさ」とは裏腹の、大変シビアな戦いの最中にありました。

その一つが、二〇〇四年に発生したドンキの連続放火事件です。年の暮れも押し迫った十二月十三日、ドンキ浦和花月店と大宮大和田店の二店舗で連続して放火が発生しました。浦和花月店では、逃げ遅れた客がいないか確認するために店内に戻った従業員三名が死亡しました。その後も同じ大宮大和田店を含むいくつかのドンキで放火事件が起こり、マスコミを賑《にぎ》わせたのです。

放火の責任はもちろん、その後捕まった犯人にあります。しかし当時の報道では、店内が商品でゴチャゴチャしていたせいで従業員が逃げ遅れてしまったのではないかという追及がなされ、本来は被害者であるドンキが、あたかも加害者であるかのような扱いを受けることになりました。

こうした報道がされた背景には世間のドンキに対するイメージの悪さがありました。これは、ドンキの創業者である安田隆夫も自伝『安売り王一代』で述べているのですが、この事件より少し前の一九九九年、ドンキ五日市街道小金井公園店（東京都西東京市。二〇一四年閉店）の深夜営業に関して反対運動が巻き起こりました。ドンキの一つのウリは深夜営業です。これ自体は非常に便利なことなのですが、便利さの陰には常に負の側面があります。深夜時間帯の営業によって、騒音トラブルなどが起こり、また深夜の若者たちのたまり場にドンキがなっていたのです。そうした状況からこの運動は起こったのですが、これに呼応するようにして、東八三鷹《とうはちみたか》店（東京都三鷹市）などでも深夜営業の反対運動が起こり、一部では出店反対運動まで巻き起こりました（現在のMEGAドン・キホーテ港山下《みなとやました》総本店や、環七方南町店《かんなな》など）。

この反対運動自体については、ドンキ側が利益の五パーセントをあらかじめ周辺環境の整備の予算にあてるなどの対応を行うことで鎮静化しましたが、一九九〇年代の後半から二〇〇〇年代初頭のドンキは受難の連続だったといえるのです。

こうした流れのなかで、放火事件が発生しました。安田は自伝で「事実無根の誤報や悪意ある分析など、ドンキはボコボコに叩《たた》かれた。住民反対運動の余韻もまだ残っていたせいか、『悪徳企業に天罰下る』的な論調さえ見られた」と当時を回想しています。元から悪かったドンキへのイメージが災いして、本来被害者であるドンキがマスコミによって、なぜか加害者のように書かれてしまったわけです。

いま、「イメージ」という言葉を使いましたが、ドンキにまつわるイメージは「治安が悪い」「深夜に若者が騒ぐ」「ヤンキーやDQN《ドキュン》御用達《ごようたし》」といったものが多数を占めています。SNSなどで「ドンキ」と調べてみれば、この手のイメージを多く見ることができるでしょう。これは、ドンキの多くの店舗が二十四時間営業をしている（実際はそうでもないのですが）ことに由来するでしょう。そして、そうした深夜帯での営業によって「地域の古き良き共同体」が失われていく、というイメージは二〇二〇年代になった現在でも根強いのではないでしょうか。事実、SNSやネットで「ドンキ」と調べれば、この手の否定的なイメージはいまも数多く流布しているのです。

チェーンストアのイメージをときほぐす

たしかに、ドンキにこのような側面があることは否めません。しかし、私はここで一般的に流布しているイメージに疑問を投げかけてみたいのです。

そして、そのときに思い出すのが、先ほども語った私のドンキの原体験――恐竜キングで無邪気に楽しく遊んだドンキのイメージなのです。いわば、私にとってドンキとは一つの空き地であり、遊び場でした。それは、世間でイメージされ、バッシングされるドンキの姿とは異なります。

もちろん、チェーンストアであるドンキを遊び場のようにとらえる私の言葉は、容易に「貧しい」とか「かわいそう」だと切って捨てることができるでしょう。しかし本書では、私の当時の感覚を大事にしながら、さまざまなイメージに彩られたドンキの姿にささやかな反抗を企てます。いわば、世間で固定されたドンキのイメージをときほぐしてみたいのです。そして、それらを通してチェーンストアの実態をあきらかにすることができるのではないかと考えています。

しかし、私の思い出だけをつらつらと書いていてもしょうがありません。それを補強するためにも、チェーンストアの歴史やその経営戦略のみならず、人類学や都市論、建築学や社会学など、さまざまな分野の知見を本書では使います。このように書くと驚かれるかたもいるかと思いますが、それらはすべてチェーンストアやドンキの話へと収斂《しゅうれん》されていきます。

また、本書の最後にも語るように、ドンキやチェーンストアのイメージを詳しく見ていくことは、現代の日本の姿をとらえることにもつながると考えています。どういうことだ、と思われるかもしれませんが、それは、本書の後半で言及します。

すっかり前置きが長くなってしまったようです。さあ、それでは、チェーンストア、ドンキをめぐる散歩にさっそく出発しましょう。

第一章　なぜ過剰な外観は生まれるのか

外観からドンキを考える

序章でも書いた通り、本書では「チェーンストアはほんとうに世界を均質にしているのか」という疑問をドンキの探訪を通して考えていきます。まず、着目するのはその外観です。チェーンストアはふつう、同じような外観をしています。たとえば、コンビニチェーンのファミリーマートであればほとんどの店舗が緑色の看板でしょうし、ドラッグストアの「マツモトキヨシ」といえば黄色い看板、牛丼チェーンの「吉野家」はオレンジの看板が目印です。このように、特定のチェーンストアの名前を聞いたとき、その店舗がどの地域に存在しようと、共通した外観のイメージを思い浮かべるでしょう。

チェーンストアが同じような外観を持っていることには理由があります。運営形態や外観・

内装などを同じにすれば、一店舗ごとの経営コストがおさえられるからです。それぞれの店で創意工夫を凝らして異なる外観を作るよりも、すべてを同じ外観にして発注したほうが、コストパフォーマンスがいい。そのような経済的な仕組みが、どの街でも似たり寄ったりだと批判される風景を作り出していくのです。

ドンキも、それらの店舗と同じチェーンストアです。では、その外観は均質なのか。そもそも、ドンキはどのような外観をしているのか。この疑問を考えるときに注目したいのが、ドンキのマスコットキャラクターである「ドンペン」です。まずは、フィールドワークを通してドンペンの姿を見ていきましょう。

池袋でドンペンに出会う

二〇一〇年代半ばからの再開発で注目度が増している池袋。駅東側の中池袋公園周辺の大規模な再開発により、不動産・住宅情報サイトのライフルホームズが発表する「借りて住みたい街」ランキング（首都圏）では二〇二〇年まで四年連続で一位を獲得しました。かつて池袋は、石田衣良《いら》の『池袋ウエストゲートパーク』で描かれたように、どこか猥雑《わいざつ》で不思議な街だと思われていました。しかしこれらの再開発によって、そのイメージは大きく変貌しています。

では、かつての池袋が持っていた猥雑な雰囲気がまったくなくなってしまったかといえば、そんなことはありません。再開発地帯から歩いて十分ほど。池袋駅から伸びる鉄道の線路周辺には、再開発地帯とはまったく異なる雰囲気を持った街が広がっています。ビデオボックスや風俗店、そしてラブホテル……わずかに歩いただけでこんなにも雰囲気が変わるのかと驚くほどです。こうした街並みは、線路を挟んで向こう側、池袋駅西口方面にも広がっています。もう少し池袋を散歩してみましょう。東口から西口へは、鉄道陸橋を使って向かうのですが、陸橋の上からはラブホテルや雑居ビルなどの派手な看板が見えます。それらの看板をよく見ていると、そのなかにあきらかに目立つものがあります。

それは一匹のペンギンです。そのペンギンは、建物の角から両手を広げて飛び出し、いまにも外に這《は》い出ようとしています。いったいなんでしょうか。近づいてみましょう。

陸橋を下って、池袋西口におりたちます。ラブホテル街を横目に見ながらペンギンの元へ向かっていきます。あたりには中華料理店が多いのも目立ちます。じつはこの近辺は、ここ数年で急激に中国系の人々の居住や往来が増えている地区で、日本でも有数のチャイナタウンとなっています。さて、ペンギンが飛び出ているビルに近づいてきました。そこには、でかでかとした黄色い文字でこう書いてあります。

ドン・キホーテ池袋駅西口店（著者撮影）

「ドン・キホーテ」

そう、ここはドンキの池袋駅西口店。ビルから両手を広げて飛び出すペンギンは、ドンキのマスコットキャラクター「ドンペン」です。企業のイメージキャラクターといえばふつう、チラシやＣＭに登場して広報活動をするイメージがあります。あるいは商品のパッケージに書かれていたりもします。しかし、ドンペンが特徴的なのは、店舗の飾りとして多くのドンキに置かれていることかもしれません。ＣＭやパッケージなど、二次元だけでなく、三次元の物体としてもドンペンは存在しているのです。

池袋駅西口店のドンペンは、フクロウと一緒に並んでいます。池袋駅の構内に「いけふくろう」という像があるのをご存じでしょうか。池袋には、公園や駅前広場をはじめとしてさまざまなところにフクロウの像や装飾があります。なぜ、フクロウなのかは諸説あるのですが、「いけぶくろ」と「ふくろう」の語感に似たものを感じた池袋の人々が、池袋のシンボルとしてフクロウをよく用いるようになったといいます。ただ、現在では、そのようなシャレを超えて、池袋全体でフクロウを街のシンボルのように扱っています。池袋駅周辺の公園にはフクロウのオブジェがありますし、あるいは周辺の神社にはフクロウの像が立っていたりもします。池袋駅西口店にフクロウがいるのは、ある意味で池袋の土地柄を表しているのです。

しかし、よく考えてみるとおかしな話です。どうしてドンキはここまで派手に店舗の装飾をするのでしょうか。こうした派手なドンペンが置かれる例は、池袋だけではありません。たとえば、東京都大田区西蒲田《にしかまた》にあるドンキ蒲田駅前店では、ドンキが入っているビルに、まるでスパイダーマンのようにドンペンが張りついています。ビルだけを見ても、ドンペンがいる！とわかるのです。

目立つようにドンペンを一つ置くのだって、費用としては安くないはずです。それに多くのドンキには「ドン・キホーテ」と書かれた大きな目立つ看板があるわけですから、ドンペンのような飾りは、ほんとうはなくてもいいはずです。では、ドンキはどうしてドンペンを置いて

ドン・キホーテ蒲田駅前店（著者撮影）

いるのでしょう。

「目立ちたい!」という感情がドンペンを置かせる

理由の一つとして考えられるのは、「ドンキを目立たせたい」ということです。ドンキの創業者である安田隆夫は、ドンキを運営する前、その源流であるディスカウントショップ「泥棒市場」を経営していました。これもまた、少しギョッとするような奇抜な名前です。安田はその自伝『安売り王一代』のなかで、その店名について「とにかく目立ちた」いためにこう命名したと語っています。泥棒市場は名前を変えてドンキになったわけですから、ドンキはその歴史のはじめから「目立つ」ことを意識してきたのです。ドンキが誕生したのは、一九八九年。ベルリンの壁が崩壊し、「平成」が始まった象徴的な年にドンキは産声を上げました。ドンキは当初、国道沿いなどのいわゆる「郊外」に店舗を建て始めます。日本のロードサイドは一九七〇年代前半から活況を見せはじめ、一九九〇年代には国道沿いにさまざまな商店やチェーンストアが立ち並んでいました。

そんななかでふつうの店構えをしていては、数ある店のなかで埋没してしまう――安田にはそんな意識があったのでしょう。逆に、店の外観を派手にして目立てば人々の目に留まる可能性は高まるわけです。だからこそ、ドンペンのオブジェが置かれたのです。それは「目立ちたい！」という欲望が置かせたものだと言ってもいいでしょう。

目立つドンキの外観

ドンキの外観を考えるときに「目立ちたい！」という単純な欲望に着目することは重要です。なぜなら、日本各地に安田が目指した「目立ちたい」という欲望を具現化したドンキが存在しており、それがドンキの外観の大きな特徴を形づくっているからです。ここではその一部を見ていきましょう。

まずは、大阪・道頓堀にあるドンキ道頓堀店です。

ドン・キホーテ道頓堀店（著者撮影）

グリコの看板で有名な戎《えびす》橋《ばし》の近くにあるこのドンキは、ほかのドンキと少し趣が違います。それが、観覧車の存在です。ドンキ道頓堀店の上には細長い楕円形《だえんけい》の観覧車がついており、買い物と合わせて、大阪の風景を楽しむことができるのです。「えびすタワー」と呼ばれるこの観覧車は、道頓堀の名所の一つともなっていますが、派手な建物や店舗が多い道頓堀のなかでもひときわ「目立つ」建物であることに間違いはないでしょう。

東京・新宿の一大歓楽街・歌舞伎町《かぶきちょう》の近くにあるドンキもなかなかのインパクトです。歌舞伎町の裏手にあるドンキ新宿店は、夜に訪れると、まるで日本でないかのような外観をしています。

ドン・キホーテ新宿店（著者撮影）

妖《あや》しい光を放つネオンの看板が何重にも並べられ、アジアのどこかの国の屋台村にでも迷い込んだよう。この周辺には、近年観光地として人気が高まっている新大久保のコリアンタウンがあります。アジア風の派手な店構えも、コリアンタウンの近くにあるからこそ、生まれたものでしょう。ドンペンもまたネオンのライトで光り輝いており、アジアンテイストのドンペンを、新宿で楽しむことができます。

くわえて、実現はしませんでしたが、ドンキ六本木店（東京都港区）では屋上にジェットコースターが置かれる予定もありました。置かれる予定だったのは「ハーフ・パイプ」という種類のジェットコースターでスイスのインタミン社によるもの。実際に設置まではされたものの、

六本木店の幻のジェットコースター
(写真：毎日新聞社／アフロ)

稼働した際の振動がひどく、屋上では震度3ほどの揺れが確認されたそうです。そのようなこともあり、ドンキは稼働を断念。ドンキは、事前に振動について十分な検討をしなかったとしてインタミン社を提訴。裁判に勝利して八億六千万円の賠償金を得ました。この裁判の前にも、ジェットコースター設置について、地元住民から反対の声が多く寄せられていたこともあり、計画は幻となってしまいました。設備そのものは二〇一七年に撤去されましたが、現在でも、ネットのブログなどではドンキ六本木店の上に付いていた黄色いジェットコースターの記憶を懐かしんでいる人々もいます。

ここに挙げた例からも、ドンキがいかに「目立つ」店舗を心掛けているのかがわかるのではないでしょうか。

とはいえ、小売店にとって重要なのは、目立つことそのものではなく、売り上げを効果的に増加させることです。そう考えると、ドンペンの飾りはあまりにも過剰で、その目的に直接は結びついていないように思えます。

国道沿いにある俗悪な看板などが地域住民やメディアによって「景観を乱している」と批判されるとき、ドンペンはまさにそうした俗悪な看板の代表例でしょう。ですから、ドンキの看板が目立つことに対して、批判が集まることもあります。「ペンギン」という名前はラテン語の「太っている」という言葉に由来する説もあるそうですが（上田一生『ペンギンは歴史にもクチバシをはさむ』）、ドンペンはドンキにとって「贅肉《ぜいにく》」と言ってもいいかもしれません。

でも実際には多くのドンキでこのドンペンのオブジェが見られるのです。だとしたら「目立ちたい」以外の、なにか隠された秘密がドンペンにはあるのではないでしょうか。

次に、「目立ちたい」という欲望以外の、ドンペンがドンキに置かれる理由を考えてみることにしましょう。

ドンペンという「装飾」

「なぜ、ドンペンは置かれているのか」

ドン・キホーテ八千代店

この疑問を解くのは一筋縄ではいきません。ここで、少し別の観点を入れてみます。それは、「ドンペンを装飾の問題として考えてみる」ことです。装飾とは、建築で構造を支えない部分のことを示します。もちろん、ドンペンはドンキの店舗がある建物を支えてはいません。ですから、ドンペンは、ドンキの店舗にとって「装飾」と呼ぶことができるでしょう。

ではドンペンを建築における装飾として見るとどうなるか。池袋駅西口店のドンペンは、先ほども確認した通り、ビルの角からこちらの世界に飛び出すかのように、両手を広げて私たちを待ち受けています。じつは、このように両手を広げているドンペンは各地で見られるのです。たとえば、ドンキ藤沢駅南口店（神奈川県藤沢

元三島神社の千木（東京都台東区。著者撮影）

市）やドンキ八千代店（千葉県八千代市。二〇二〇年閉店）などはその代表例でしょう。

とくにドンキ八千代店は、店内が古代エジプト風に統一されていて、壁面にはエジプト風の絵画がびっしりと描き込まれていました。ドンペンもファラオのかぶりものをした「ファラオ・ドンペン」というとても珍しいタイプのドンペンです。店内に入ると、まるでピラミッドのなかの神域に入ったかのような気分になります。ここでは、入り口で両手を広げて買い物客を待ち受けるドンペンが、まるで宗教建築の装飾のようにさえ見えるのです。そう、それはまるで教会の上についている十字架や、あるいは神社の神殿の上に付いているX型をした千木《ちぎ》のように見えてきます。

ふとここで、ドンペンが手を広げている様子を神社の千木にたとえてみると、八千代店の店内がエジプト風で、神殿のようになっていたのも説明がつくのかもしれません。

じつは、かつて、そんな文脈からドンペンを語った（？）思想家がいました。

レヴィ＝ストロースが語るドンペン

ドンペンを装飾として語るとき、私が注目したいのが文化人類学者であるレヴィ＝ストロースの議論です。彼は文化人類学者でありながら、フランスを代表する思想家の一人でもあり、「構造主義」という思想潮流の代表的な論者としても知られました。レヴィ＝ストロースが百歳という長い人生のなかで残した膨大な著書は、思想史のなかでも大きなインパクトを残しました。とくに、非ヨーロッパ圏の文化に関しても多く言及しており、日本文化を高く評価していたことでも知られています。そんな彼が、建築の「装飾」について興味深い論文を書いています。それは「砂時計型形象」という論文です。晩年に書かれているので、彼の研究人生がそこに詰め込まれているとみてよいでしょう（残念ながら日本語には訳されていない論文なのですが、出口顯《あきら》『レヴィ＝ストロース まなざしの構造主義』など、日本で出版されているレヴィ＝ストロースの解説本などに説明があります。気になる人はそのような本でチェックしてみてください)。

　この短い論文は、彼の文化人類学者としての研究成果を背景として、環太平洋地域全般に見られる建築装飾の型である砂時計型形象について書かれています。砂時計型形象とはなんでしょうか。レヴィ＝ストロースによると、環太平洋地域の建築には、二本の線が交差してエックス型になり、その上部が突き出た装飾が建築に取り入れられていることが多いといいます。先ほど、私がドンペンと似ている、と言った神社の千木の形状が、まさにそれにあたります。この論文では伊勢神宮のイラストを登場させながら、「千木」のような装飾の形が、コロンビアやフィジー、中国など環太平洋地域の全般に多く見られることを述べているのです。

　もちろん、千木のような装飾がそのまま各地にあるわけではありません。地域によって材料や形は微妙に異なりますが、砂時計型が持っている構造自体は環太平洋地域全般で見られるといいます(論文自体はもっと複雑なのですが、ひとまずはこのような理解でよいと思います)。彼は、例としてコロンビア北部に住む「コギ族」の寺院と、フィジーの寺院を挙げます。

　地域が異なるにもかかわらず、「外側に開いている」点で同じような構造を持つ装飾が見られるのは非常におもしろいことかもしれません。そして改めてドンキの外観を見てみましょう。なんということでしょうか。このオブジェはまさに、砂時計型形象そのものです。チェーン

コギ族の寺院
レヴィ＝ストロース「砂時計型形象」をもとに作成
（制作：ゲンロン）

フィジーの寺院
レヴィ＝ストロース「砂時計型形象」をもとに作成
（制作：ゲンロン）

ドン・キホーテ藤沢駅南口店（著者撮影）

ストアのマスコットであるドンペンが伊勢神宮や、コギ族の寺院や、フィジーの寺院と同じような「外側に開いた」装飾の形をしている。レヴィ＝ストロースが書いた建築とは時代も地域もまったく違うドンキの入り口で、ドンペンがその短い手を広げているのを見るとき、私たちはレヴィ＝ストロースが晩年に書いた砂時計型形象に想《おも》いを馳《は》せねばならないのではないでしょうか。事実、ドンキのウェブサイトのドンペンページに掲載されている多くのご当地ドンペンは、その両手を広げた、まさに砂時計型形象的な姿をしています。

　でもこれを聞いただけでは、多くの人が「なんだよ、そんなのただのこじつけじゃないか」と思うでしょう。たしかにこれは、表面上の形だけを見てドンペンを砂時計型形象にあてはめたこじつけにすぎないのかもしれません。実際、ドンペンのオブジェをよく見ていくと、その姿は決して両手を広げた姿のものだけではありません。両手を広げたものと同じぐらい観察できるのは、片手がお腹《なか》に当てられていて、片方の腕だけが上がっているバージョンのドンペンです。この姿のドンペンもたくさん見ることができます。ですから、強引なこじつけだといわれたら、たしかにそう認めるしかありません。

ならば、この砂時計型形象とドンペンのオブジェが似ているのはただの偶然なのでしょうか。私はそうは思っていません。

世界各地でこの装飾が見られる理由についてレヴィ＝ストロースは明示的には述べていません。しかし、この形をめぐって、宗教学者の中沢新一は『野生の科学』という著作で大胆な推理を展開しています。

彼は砂時計型形象が「出産」を象徴しているのだと解釈します。出産は人類に普遍的な行為です。みんな、出産がなければ生まれることができません。そんな、人類に普遍的な行為である出産とはいったいなんでしょうか。それは、母親の子宮の内側にいた胎児が、外側の世界へと出る行為です。そこでは「内から外へ」という一種の「ねじれ」が生じています。ちょうどツイストドーナツがぐるんと回るように、内側から外側へと赤ん坊が出てくる、それが出産です。

あるいは「出産」においては、もっとおもしろい「ねじれ」が起こっています。出産は生と死の世界をつなぐ行為です。生の世界にはいなかったはずの（＝死者と同じ世界にいたはずの）存在を生者の世界に呼び寄せ、この異なる二つの世界の間に通路を作る行為だともいえるかもしれません。

それはまるで「メビウスの輪」のようでもあります。「メビウスの輪」とは、表面をずっとなぞっていると、その面がいつのまにかねじれて裏面になっている、内側と外側が渾然《こんぜん》一体となっている図形です。出産とはまさに、このメビウスの輪をなぞるようなもので、「死」の面をたどっていくと、気がつかないうちに「生」の平面にたどり着く、そんな内側と外側がねじれて渾然一体となる行為なのです。

砂時計型形象もまた、二本の線が交差して、右側にあった線が左に行き、左側にあった線が右に行く点では、一種の「ねじれ」だともいえます。つまり、「ねじれ」という点において出産と砂時計型形象とがつながるのです。たしかに先に見たコギ族の寺院などは、まさに「ねじられながら」外側へと開いた形をしていました。

先ほども言ったように出産とは人類に普遍的な行為です。したがって、砂時計型形象は環太

サンタ帽をかぶるドンペン
(東京都府中市、ドン・キホーテ府中店。著者撮影)

平洋地域という広い範囲で、多くの建造物で見られるのではないか。それが中沢の解釈です。

出産とは「内側と外側を渾然一体にする」行為でした。つまり砂時計型形象とは、「内と外を渾然一体とさせる」機能も同時に持っていると言えるのではないでしょうか。そんな象徴性を持つオブジェの形がドンキにあるわけです。

しかし、語れば語るほど悩ましくなってきました。もし、ドンペンが砂時計型形象だとして、「内と外を渾然一体とさせる」とは、ドンキにおいて、なにを表しているのでしょう。ドンペンはドンキにおいて、いったいどのような役割を担っているのでしょう。

サンタ帽に隠された意味

まだ、多くの読者がレヴィ＝ストロースとドンペンの関係について不審に思っているでしょう。しかしドンペンとレヴィ＝ストロースの関係はほかにもあります。

それは、ドンペンがかぶるサンタ帽（ナイトキャップ）についてです。

ほとんどのドンペンはなぜかサンタ帽をかぶっています。いったいこれはどうしてなのでしょう。じつは、ドンペンの本当の姿はベールに包まれています。といっても完全に情報がないわけではなく、むしろ多くのドンペン情報が乱立している状態です。そのなかで最も信頼性が高いと思われるものは、ドンキのウェブサイトに書いてある説明です。ここでドンペンは次のように紹介されています。

1998年に店舗のPOPライターによって生み出されたマスコットキャラクター。南極生まれ東京育ちのペンギン。

名前　ドンペン

誕生日　9月8日

性別　男の子

特徴　ミッドナイトブルーの体にナイトキャップをかぶっている
　身長・体重・スリーサイズがすべて98㎝（kg）のプロポーションをしている。
趣味　ドンキめぐり
　夜のお散歩
ドンペンプチ情報　ドンペンは数匹存在する説
　その土地によって様相が異なる説

この情報では、「ナイトキャップをかぶっている」ことは書かれていますが、それがどうしてかぶせられることになったのかについての説明はありません。じつはこれ以外にも、ドンペンの由来を紹介しているウェブサイトがあります。それが、ドンキ二俣川《ふたまたがわ》店（横浜市旭区）の「ドンペンプロフィール」のページです。

南極生まれ、東京育ちの男の子。
夜になるほど、元気がみなぎる夜行性。
ハヤリのものがとっても大好きで、これまでに購入した服は数知れず。

でも、流行にながされやすいのがタマにキズかも…。
好きな言葉は、〝ペン〟は剣よりも強し。

■ドンペンくん一問一答

・デビューのきっかけは？
昔々、激安品を探す旅に出かけたとき、不思議なたまごをみつけました。
大事に大事に育てたところ、ドンペンくんが生まれたとさ。

・名前の由来は？
もちろん、ドン・キホーテのペンギンだから、ドンペンだよ！

・その赤い帽子は？
みんなが喜ぶ顔を見るのが、三度の飯よりも大好きなドンペンくん。
以前、アルバイトでサンタクロースをやったことがあるらしい。

赤い「ナイトキャップ」は、そのときの名残りだとか…。

・好きな食べ物は？

納豆、からすみ。

・嫌いな食べ物は？

うめぼし。

・プロポーション？

身長98cm　体重98kg　バスト98cm　ウエスト98cm　ヒップ98cm

一店舗のウェブサイトのなかに書いてある情報が、公式の情報よりも詳しいのもおかしな話ですが、ここには、はっきりとドンペンの帽子が「サンタ帽」であり、それは「アルバイトでサンタクロースをやったときの名残り」だとされています。

ちなみにドンペンには、ガールフレンドである「ドンコ」、そしてほとんど知られていないと思いますが、弟の「ピカペン」などいくつかの仲間がいます。

私は長崎市のドンキ浜町《はまのまち》店で、初めて「ピカペン」の存在を知りました。おそらくピカペンは、ドンキの系列店「ピカソ」から採られている名前だと思うのですが、公式のホームページではその存在が確認されていないキャラクターであり、一部の店舗のポスターにだけちらりと登場しているようです。ドンキがおもしろいのは、このように各店舗でバラバラの取り組みが行われている点です。そんなさまざまな取り組みの痕跡も、ドンキというチェーンストアの異質さを表しています。

少し話が脱線してしまいましたが、とにかくドンペンがかぶっている帽子はサンタ帽であり、その理由はドンペンがかつてサンタクロースのバイトをしていたためだといいます。

ここで私は、ある文章に着目してみたいと思います。なんと驚くべきことにレヴィ＝ストロースは、サンタクロースについても論文のなかで述べているのです。

彼は『悲しき熱帯』などの著作で文化人類学者として広く知られている存在です。そんなレヴィ＝ストロースが一九五二年、哲学者・サルトルからの依頼で「火あぶりにされたサンタクロース」という文章を書いています。その内容は、晩年の論文として先ほど紹介した――そしてドンペンを表している形かもしれない――「砂時計型形象」と非常に似ているのです。この論文は、カトリック教会によるサンタクロースへの異端（キリスト教の戒律に叛《そむ》く人間）宣言と、それによるサンタクロース人形への火あぶりの刑を分析した文章です。レヴィ＝ストロースはこの出来事を通して、「サンタクロースとはなにか」ということを文化人類学的な視野から考察しています。その答えは単純でした。サンタクロースとは、「現代にあらわれた古代的な思考の名残り」だといいます。どういうことでしょうか。

クリスマスの原型ともいわれるヨーロッパの冬祭りでは、死者の世界と生きている私たちの空間を渾然一体にすることが行われていました。どうやってそうするかというと、私たちの世界に、疑似的に死者を呼び寄せるのです。ハロウィンや日本のお盆のようなものでしょうか。お祭りの期間は、死後の世界にいる人が一時的に私たち生者の世界にやってきて、死者と生者が同じ空間を共にする。でも、実際に死んだ人をそのまま呼び寄せることはできません。したがって（ハロウィンで子どもや、渋谷の若者たちがお化けの仮装をしているように）お祭りのなかでは、誰かが死者になりきる必要があります。論文を引用してみましょう。

生者の世界の中にいて、しかも死者を体現できる者、とは一体どのような人々なのだろう。それは、なんらかの意味で社会集団に不完全にしか所属していない人々、すなわち、生者と死者の「徴《しるし》」を同時におびている者、それによって世界の「二元性」を一身に身におびることになっている、「他者性」の体現者のほかにはいない。だから、外国人や奴隷や子供などがこの祭りの重要なる執行人となってきた理由がよくわかる。

少し難しい文章かもしれません。重要なのは、「死者の世界」を象徴できるのは私たち生きている人間にとって「他者性」を持った「外国人、奴隷、子供」たちだというのです。現在聞くと非常に差別的な表現に思えますが、はるか昔のヨーロッパではこのように認識されていました。ここで挙げられている「外国人、奴隷、子供」は、社会へまだ参入していないか、あるいは一部しか参入を許されていない人々で、そういう意味で社会にとって「他者性」を持っているのです。そんな彼らが死者に扮《ふん》して、生きている人々の世界に「贈り物」を行う。そうすることによって「あの世とこの世」が渾然一体になる「祭り」の空間は成立していたのです。それが、クリスマスで贈り物を渡すという、サンタクロースの風習に姿を変えて引き継がれたのだとレヴィ＝ストロースはいうわけです。

いままでの話を整理しましょう。クリスマスの原型であるヨーロッパの冬祭りは、「あの世」と「この世」という異なる二つの世界に交流をもたらすものでした。そして、贈り物はその二つの世界の交流の証《あかし》となるものであり、サンタクロースとはその交流の証を運んでくれるシンボルなのです。

ドンペンに話を戻します。

ドンペンはなぜサンタ帽をかぶるのか。サンタクロースとは死者の世界と生者の世界の間の交通を良好にして、死者と生者をつなげる象徴でした。そしてこれは、砂時計型形象が外側（＝生）と内側（＝死）の二つの世界を融和させ、渾然一体とさせようとしたことと同じではないでしょうか。つまりドンペンとは、そのサンタ帽と短い手を広げた姿によって「内と外」や「生と死」という異なる世界を融和させる力をそこに秘めているのではないか。

二つの異なる世界に通り道を作り、そこに活力を取り戻すシンボルとしてのドンペン。レヴィ＝ストロースが語るドンペンは（語っていませんが）、その愛らしい姿の裏に恐るべき力を秘めた存在なのではないか、と私は考えてしまいます。

もちろん、これは企業が意図して行っているとはとうてい思えません。それではなぜ、私はこのような考えに取りつかれているのでしょう。これは、もちろん根拠があってのことです。それを説明するためには、ドンキ各店舗の外観の話に戻らなければなりません。ここまでの話に基づきながら、ドンキの外観をもう一度見にいきましょう。

ドンキのほとんどが「ふつうの建物」

ここでいままでの議論をまとめます。ドンキにはなぜドンペンが置かれるのか。その疑問の答えとして私たちは二つの理由を見出《みいだ》しました。一つは、「目立ちたい」という欲望が置かせていることです。ドンキにはドンペンをはじめとして目立つために飾られた外観が多く見られました。そしてもう一つは、ドンペンが「内と外を融和させる」ということを表すためではないか、ということです。二つ目の理由は、まだ仮説です。実際に、ドンキの外観を見つめなければなりません。

ドンキにとって「内と外を融和させる」とはどういうことでしょう。具体的に考えてみると、それはドンキが置かれている周りの環境（＝外）と、ドンキの外観（＝内）が渾然一体としている、ということではないでしょうか。では、それは実際にはどういうことなのか。

それをたしかめるために、改めてドンキの外観を見てみましょう。

たとえば、ドンキ後楽園店（東京都文京区）。東京ドームのすぐそばにあるこの店舗は、「ドン・キホーテ後楽園ビル」の一、二階に入っており、上にはファミリーレストランの「サイゼリヤ」や、ビジネスホテルチェーンの「リッチモンドホテル」があります。リッチモンドホテ

ドン・キホーテ後楽園店（著者撮影）

ルが入っているだけあって、黒を基調としたスタイリッシュな見た目になっています。この壁面の右上に、少し場違いな感じでドンペンのオブジェが張りつけられています。つまり、ふつうの形をした建築にドンペンがドンと取りつけられているのです。

あるいは、ＭＥＧＡドン・キホーテ立川店（東京都立川市）も、外観の面から見るとなんともおもしろい店舗です。

後の章でも話題にしますが、同店はもともと、スーパーのダイエーでした。店舗の壁面は、かつてのダイエーそのままに、巨大なドンペンと「ドン・キホーテ」と書かれた看板を取りつけることによって、すっかりダイエーからドンキに変化しています。

MEGAドン・キホーテ立川店（著者撮影）

ドンペンの人形は、もともとそこに存在しているふつうのビルやマンションに取りつけられているだけであり、ドンペンを取り除いてしまえば、そこに残るのはいたってふつうの建築物だともいえます。逆にいえば、どんな建物であっても、ドンペンのオブジェと看板をつけることさえできればドンキになれる、ということです。

このような装飾を採用している理由は、ドンキの出店戦略にあります。ドンキは、出店コストを抑えるために「居抜き戦略」を採用している場合が多い。居抜き戦略とは、もともとなにかの店舗があった場所をそのまま別の店として利活用する経営戦略のことです。ドンキが行う居抜き戦略の重要性は第四章でも詳しく取り上げますが、ドンキは「居抜き」によって都内のふつうのビルのなかにその店舗を構えることも多いのです。そうした出店戦略はほかのチェーンストアでも同様かもしれませんが、そこにドンキはドンペンを張りつけます。ここに、ドンキの特徴があります。

こうしたタイプのドンキは、都心型の店舗に多いと思いますが、一方で郊外型の店舗でもそのことは指摘できるでしょう。

先ほど紹介したドンキ八千代店は国道沿いにあった店舗で、郊外型店舗の最たる例です。この店舗もまた、ドンペンのオブジェや派手な「ドン・キホーテ」の看板を取り除けば、あとに残るのは大きな倉庫のような建物だけです。「ＩＫＥＡ」や「コストコ」の建物のようだともいえるかもしれません。一九九〇年代以降、倉庫のような建物の小売店が増加し、それらは「倉庫型店舗」と呼ばれています。郊外型ドンキは、こうした倉庫型店舗にドンペンを張りつけたものだと考えればよいでしょう。

いずれにしても、無機質な建築にドンペンが取りつけられることによって、ドンキが誕生しているのです。こうした特徴は、どのように「内と外を融和させる」特徴に結びつくのでしょうか。

ふつうの建築と取りつけられた装飾

ふつうの建築と取りつけられた装飾。このドンキの特徴を考えるにはアメリカの建築家、ロバート・ヴェンチューリらの書いた『ラスベガス』という著作が役立ちます。この本で彼が建築のタイプとして提案した「装飾された小屋」という概念が、ドンキの外観のありかたに非常に近いのです。そして、そこで提案されている建築のありかたが、ドンペンが示す「内と外の融和」ということと関係が深いのです。

そもそもヴェンチューリは『ラスベガス』で、アメリカ・ラスベガスの建築に見られる独特の特徴を解明しようとしました。ラスベガスといってみなさんが思い浮かべるのはやはりカジノでしょうか。もちろん、ラスベガスの道沿いにずらりと並ぶホテルのなかで行われているカジノも名物として挙げられるでしょう。ただ、それと並んで興味深いのが、そのホテルの建築のありかたです。ホテルの外観にはピラミッドやエッフェル塔など、世界各地の名所がミニチュアで再現されていたり、あるいは派手な看板や装飾がホテルに取りつけられているのです。そのため、ラスベガスの沿道は車から見ていても飽きないでしょう。

ヴェンチューリが解明しようとしたのは、そのラスベガスに見られる独特な建築でした。

それが、この「装飾された小屋」です。これは、なんの変哲もない建築物に装飾が付加されるような建築を示しています。まさにドンキの外観のありかたそのものです。

では、ドンキが「装飾された小屋」の概念と似ているとして、それはどういうことを表しているのでしょうか。このことを考えるためには、ラスベガスにおいてこうした派手な装飾がつけられた建物がどうして誕生したのかを知る必要があります。

ラスベガスの建築物に取りつけられる装飾は、おもに大きなネオンの看板などです。これはなんのためかといえば、自動車から見えやすいようにしているためです。Google Mapなどで確認してもらえばよくわかると思うのですが、ラスベガスはアメリカ大陸の南西部、砂漠のなかに突然現れます。その中心を走っている道路はどこまでもまっすぐで、基本的にはこの街が大きな道路を中心に発展してきたことを物語っています。そこを通る人の多くは車でこの街を眺めることになるため、ラスベガスでは、建築は車からもよく見えるようなものでなければなりません。つまりラスベガスに見られる道路沿いの派手な看板や派手なオブジェは、いわば土地柄が反映された建築なのです。ヴェンチューリは周到なフィールドワークをもとに、これらのことをあきらかにしていきます。そうして彼は、これからの建築や都市はラスベガスで見られるように周りの環境を取り込んで建てられるべきだ、というのです。

では、なぜこうした「装飾された小屋」は周りの土地柄を反映できるのか。それは、建物自体が無機質でふつうの建築であるため、そこに取りつける装飾さえ変化させれば、周りの環境に合わせた建築を生み出すことができるからです。実際、『ラスベガス』では、ラスベガスに見られる看板の入れ替わりが非常に早いことが報告されています。

だとすれば、次のような仮説が成り立つのではないでしょうか。ドンキと「装飾された小屋」が似ているのであれば、ドンキもまた、地域のありかたによって、その外観を変化させているのではないか。もし、そうであるならば、私たちが先ほど考えた「内と外を融和させる」というドンペンが持つ意味合いがはっきりするのではないでしょうか。

土地柄を反映するドンキの外観

しかし、ドンキが土地柄を反映する「装飾された小屋」であるとの話に疑念を持つ人もいると思います。ドンキといえば、あの黄色と黒の派手な看板が全国各地どこでも広がっていて、それはどこまでいっても変わらない。そのように考えている人が多いのではないでしょうか。

そう思うのも当然だと思います。ただでさえ、ドンキは街のなかでやけに目立つ存在ですし、そもそも企業側がそのように街から浮くような存在として、あえて店舗作りを行っている様子さえ見受けられます。第一、ドンキはいわゆる全国に店舗網を持つチェーンストアです。チェーンストアであるならば、基本的には同じ店構えをしている、そう考えるのが当然でしょう。それは、序章でも書いたように、すでに多くの人が言ってきたことですし、ある意味では常識のようにもなっています。

では、ほんとうにドンキはそのように地域ごとに変化のない、均質な外観を持っているのか。じつは、そうではないのです。そこに、ドンキを「装飾された小屋」として見出す意味があります。

たとえば57ページの写真を見てみてください。これは、白金台《しろかねだい》（東京都港区）にあるドンキです。

このドンキは「プラチナ ドン・キホーテ」と呼ばれています。高級住宅街と言われる場所にあるだけに、外観が通常のドンキとは異なり、かなり特徴のあるものです。通常のドンキで見られるような派手な装飾は身を潜め、銀と白を基調とする外観に統一されており、ドンペンも銀に塗りつぶされています。実際にこのドンキを訪れてみると気がつくのですが、最初はこがドンキであることがわからないぐらい、周りの建物と馴染《なじ》んでいます。

とはいえ、このドンキも、建物の構造としてはきわめてふつうのハコ型建築で、外装の色を変えることで、その地域と馴染むようにしています。つまり、典型的な「装飾された小屋」な

プラチナ ドン・キホーテ白金台店（著者撮影）

のではないでしょうか。

このように、「装飾された小屋」的に、地域に馴染んでいるドンキはまだまだ存在します。同じく東京の、大きな提灯《ちょうちん》の浅草寺《せんそうじ》で有名な浅草《あさくさ》に視点をずらしてみましょう。

浅草にもドンキがあります。かつての娯楽の中心地・浅草六区の中心にそびえたっているのです。

このあたりは、江戸時代以来続く盛り場であり、演芸の中心地でもありました。その影響を受けているのでしょうか。外観はレトロ調なレンガ風の作りになっており、「ドン・キホーテ」の看板もローマ字で表され、エンターテインメント性を高めようとしている。まるでなにかの劇場のようです（そして、これらの看板も「装

ドン・キホーテ浅草店（著者撮影）

飾された」ものであることに注目です）。この浅草店については、第四章で詳しく取り上げます。

いずれにしても、この光景はまさにヴェンチューリがラスベガスで見た光景そのものであり、ドンキの外観がその土地柄を反映することの一つの表れだといえるでしょう。その点において、やはりドンキとは「装飾された小屋」として語ることができるのだと思います。時代も場所も異なる対象を扱ったヴェンチューリの議論が、ドンキにもあてはまることは非常に興味深いことです。

ただし、ここで注意したいのは、ドンキが、ただ地域の都市景観に馴染んでいるだけではないことです。白金台のドンキも浅草のドンキも、景観に馴染んでいるとはいえ、ある種の「ドンキらしさ」を持っているのです。

白金台も浅草も、歴史がある土地です。こうした場所に、小売店のチェーンであり、なおかつかなり俗っぽいイメージも持つドンキが出店することに対して、近隣住民から少なからぬ反対もあったようです。そのような反対意見も聞き入れつつ、これらのドンキの景観は生まれました。どちらとも、周りの土地の歴史や景観を取り入れたわけです。ただし、そこでもドンペンはしっかりと張りつけられ、「ドンキらしさ」が保たれている。ですから、ここでは不思議なことが起こっているわけです。周りの街に溶け込むようでありながら、しかしドンキらしさをどこかで持ち続けている。ある意味で、ドンキと地域が融和したかのような景観が生まれているわけです。まさに、ドンペンが象徴しているような外観のありかたがそこで体現されているのではないでしょうか。

ドンペンは内と外を融和させる

この章のはじめにドンキ池袋駅西口店の話をしました。あのドンキもまた、見かたによってはその土地と融和していると見ることができるのではないでしょうか。

たとえば、その時に見たように、ドンペンの横にいるフクロウは、池袋と関係が深い存在でした。くわえて、池袋駅西口近くというドンキの立地が重要です。この店舗は、池袋随一の歓楽街の中心部にあります。周りには居酒屋や風俗店、あるいはラブホテルなどが立ち並び、雑然とした風景が広がっています。そうした店舗の看板はネオンなどがつけられ派手な場合が多く、ドンキもまたそのなかで目立つために外観を派手にしなければなりません。だからこそ、ぐいっと両手を広げたドンペンが建物の上から顔を出し、ほかの建物よりも目立とうとその存在をアピールしているのです。ドンキ池袋駅西口店もまた、周りを派手な建物に囲まれているなかで、自然と派手な外観になっている。池袋の土地柄に影響を受けているわけです。ですから、池袋のドンキ一つをとっても、そこには、その街の特徴が埋め込まれているわけです。

池袋のドンキのように、歓楽街の真ん中にあるドンキは、ほかのドンキよりもけばけばしい外観になることがよくあります。すでに本章で紹介した、ドンキ道頓堀店もその代表的な例でしょう。また、有名な歓楽街として知られる東京・五反田《ごたんだ》のドンキ五反田東口店も、巨大なドンペンの顔が壁面に描かれ、建物全体がライトで照らされる派手な外観を持っています。こうした派手な装飾は、郊外の国道沿いにあるようなドンキには見られないでしょうし、まして住宅街のなかにある店舗では絶対に見られません。国道沿いのドンキでは、装飾を派手にするよりは、車からも看板が見えやすいように、看板を巨大にしていたり、ドンペンがくるくると回っているポールが置かれていたりする場合が多くあります（とくに、ドンキのなかでも売り場面積が大きいMEGAドンキの店舗ではこうした特徴がよく見られます）。また、住宅街のなかにあるドンキでは、ドンペンのオブジェやイラストはなく、ただ「ドン・キホーテ」とだけ書かれている看板も見られます。

このように、その周辺の土地によってドンキの装飾の派手さはわかりやすく変化しています。私は、こうした街ごとの変化に合わせたドンキの外観の派手さを「ドンキ外観濃度」と呼んでいます。歓楽街や派手な建物に囲まれた場所にあるドンキほど、この「ドンキ外観濃度」が高く、閑静な住宅街になるにつれて、「ドンキ外観濃度」は下がっていきます。もちろん、先ほど紹介したような、白金台のプラチナ ドン・キホーテや浅草店のように、この「ドンキ外観濃度」では測れないようなドンキも数多く存在しますが、とはいえ、それらのドンキも周りの土地に合わせるようにしてその外観を変化させているのです。

ここまでくれば、私がドンペンの存在意義として見出した「内と外を融和させる」ということの意味も見えてくるのではないでしょうか。

先ほど私は、ドンペンがドンキに置かれている意味について、こう述べました。

ドンペンとは、そのサンタ帽と短い手を広げた姿によって「内と外」や「生と死」という異なる世界を融和させる力をそこに秘めているのではないか。

繰り返し述べた通り、私はドンペンに「内と外を融和させる」力を見出していました。白金台店や浅草店で見られたような、「地域に馴染んでいるようでいて、ドンキらしさが生まれている」店舗は、まさにこうした「内と外」が融和しているいい例ではないでしょうか。

もちろん、これはドンキの外観から推測した話にすぎないのかもしれません。しかし重要なのは、白金台や浅草のドンキのような店舗が存在すること、その事実です。私たちは、ドンキをはじめとして、チェーンストアを見るときに、つい日本全国どこでも同じ光景が広がっている、と考えがちです。しかし、それはほんとうなのか。それぞれのドンキをよく見てみると、そこには地域に応じた異なる光景が広がっている。そんなことを、ドンペンは私たちに語りかけてくれているのではないでしょうか。

なぜドンキの外観はさまざまなのか

ドンキの外観が土地によってさまざまであることを、具体的な店舗を見ながら確認してきました。そこで見られる外観は、チェーンストアについて言及するときに言われるような、均質で地域性を欠いたものとは少し異なり、（完全ではないでしょうが）その地域特有の姿を持ち、周りの景観に影響を受けながらでき上がっているのでした。これは、外観などをできる限り揃《そろ》えようとするチェーンストアの理論とは異なるでしょう。

しかし、ある観点から見れば、これはチェーンストア理論が目指す「効率性」をかなえてもいるのです。ドンキ浅草店を例に挙げて考えてみましょう。ドンキ浅草店でもほかの店舗と同じように、黄色と黒の派手な外観を持った店舗を作り上げようとしたらどうなっていたでしょうか。歴史ある街区でそのような店舗を作ろうとしたら、地域住民の反対が寄せられて、この地でドンキを開業することはできなかったかもしれません。そうであるならば、その外装に少しばかり工夫を加えて、周りの景観と多少なりとも融和するようにすれば、開業することができるかもしれない。出店できないよりは、その外観を少し変えてでも出店したほうが、結果的に利益につながる。このように考えれば、ドンキがその外観を変化させるロジックも理解ができるのではないかと思います。

事実、ドンキには、「居抜き出店」をはじめとして、通常のチェーンストアが選ばないようなさまざまな土地に出店するという特徴があります。さまざまな場所に出店するからこそ、その場所でなんとか営業するために、周りの景観や地域住民の意向なども踏まえてその外観を柔軟に変化させることができるのでしょう。逆にいえば、そのような柔軟性を持っているからこそ、ドンキはさまざまな場所への出店を行い、三十二期連続増収の記録を成し遂げているのではないでしょうか。

なぜ、ドンキの外観は多様なのか。その答えは、企業として利益を増加させる戦略が、結果として地域との融和を生んでいるからではないでしょうか。つまり、ドンキが外観を多様にしたい、という意図で装飾を施しているわけではないのです。企業活動の一つの帰結として、自然とこのような外観が生まれたことに意味があります。いわば、経済活動によって多様性が生まれている。このことは、ドンキが創業以来三十年以上収益を伸ばし続けていることを考えるうえで、とても重要な示唆になるでしょう。

さて、第一章では、ドンペンの秘密に迫りながら、ドンキが持っている派手（だと思われがち）な外観について考えてきました。そこから見えてきたのは、ドンキが企業活動を行うなかで、その外観を地域に合うような多様なものにしてきたことです。

ドンキの店内に入る前に、ずいぶんじっくり考えてしまったようです。第二章では、ドンキの店内に入っていくことにしましょう。

ドンキの店内といえば、商品がうずたかく積み上げられ、ゴチャゴチャとした様子がイメージされます。しかし、そのイメージはほんとうなのか。ドンキのさまざまな店舗を訪れながら、たしかめてみたいと思います。

第二章　都市のなかの「ジャングル」

「ミラクルショッピング」

前章はドンキの「外側」、おもに店舗の外観をメインに話を進めました。第二章では、店舗の通路の形や、内装、商品など、ドンキの「内側」についての話題を扱います。このとき考えたいのが、ドンキのテーマソング「Miracle Shopping（ミラクルショッピング）」です。どの店舗でもループで流れている曲で、「ドン ドン ドン ドンキ ドン・キホーテ」というように店名を繰り返し歌う、軽快なメロディの曲です。ＢＰＭ（一分あたりの拍数）は百七十ぐらいで、かなりのアップテンポ。購買欲をそそるようにハイテンポな曲にした、という話もあります。

この曲は、ドンキの元社員で、現在は経営コンサルタントを務めている田中マイミが作詞・

作曲をしました。ちなみに、田中のオフィシャル YouTube チャンネルではダンスつきの完全版「ミラクルショッピング」が公開されているので、ぜひ聴きながら読み進めてみてください。

じつは「ミラクルショッピング」の歌詞をよく見ていくと、ドンキの店舗の形や内装、そして商品の特徴がとてもよくわかるのです。このテーマソングに導かれて、ドンキの店内に入っていきましょう。

「ジャングル」としての店舗構造

「ミラクルショッピング」のすべての歌詞は、知らないかたがほとんどだと思います。しかしその歌詞を読み解いていくと、ドンキの特徴があきらかになっていくのです。ここからは、そんな「ミラクルショッピング」の歌詞に登場するフレーズに着目していきます。

最初に注目するのは、「ジャングル」という言葉です。曲中では「ボリューム満点 激安ジャングル（ジャングルだー！）」というフレーズが繰り返され、店名の次に多く出てくる単語です。実際に、ドンキの店内をよく見ると、「ジャングル」という言葉にふさわしく、緑の造花のツタがしげっています（これは、「ジャングル・ディスプレイ」と呼ばれています）。

しかし、「ジャングル」という言葉はふつうの小売店にはふさわしくないように感じませんか。あなたの近所のコンビニやスーパー、あるいはドラッグストアなどを想像してみてください。それらの店内は見通しがよく、棚が整頓されています。そのため目的の商品を、一直線で見つけに行けることがほとんどです。なぜ、そのような店内構造になっているのか。見通しがいいほうが、効率よく買い物ができるからです。そのことからも、うっそうとして雑多で見通しの悪いイメージの「ジャングル」という言葉は小売店にはそぐわないように思えます。それでも、ドンキはあえてこの言葉をテーマソングのなかに入れています。

なぜ「ミラクルショッピング」は「ジャングル」という言葉を使うのでしょうか。

その答えとしてまず考えられるのは、ドンキの店内の通路が非常に複雑で、「ジャングル」のようだ、ということです。イラストで、いくつかのドンキの店内マップを見てみましょう。

図1は、ドンキの旗艦店の一つである新宿歌舞伎町店の店内マップです。通路が曲がっていたり、それぞれの売り場が四角く区切られていないことがわかると思います。ふつうのコンビニやスーパーに比べると、非常に複雑で、わかりづらい通路です。

ほかの店舗の店内マップも見てみましょう。

図2は東京都練馬区にあるドンキ練馬店。面積の計算をするのがとても難しそうなほど複雑で、サーキットを思わせる曲線が印象的です。

図1　新宿歌舞伎町店の店内マップ　※現在は商品の位置が変わっている場合があります

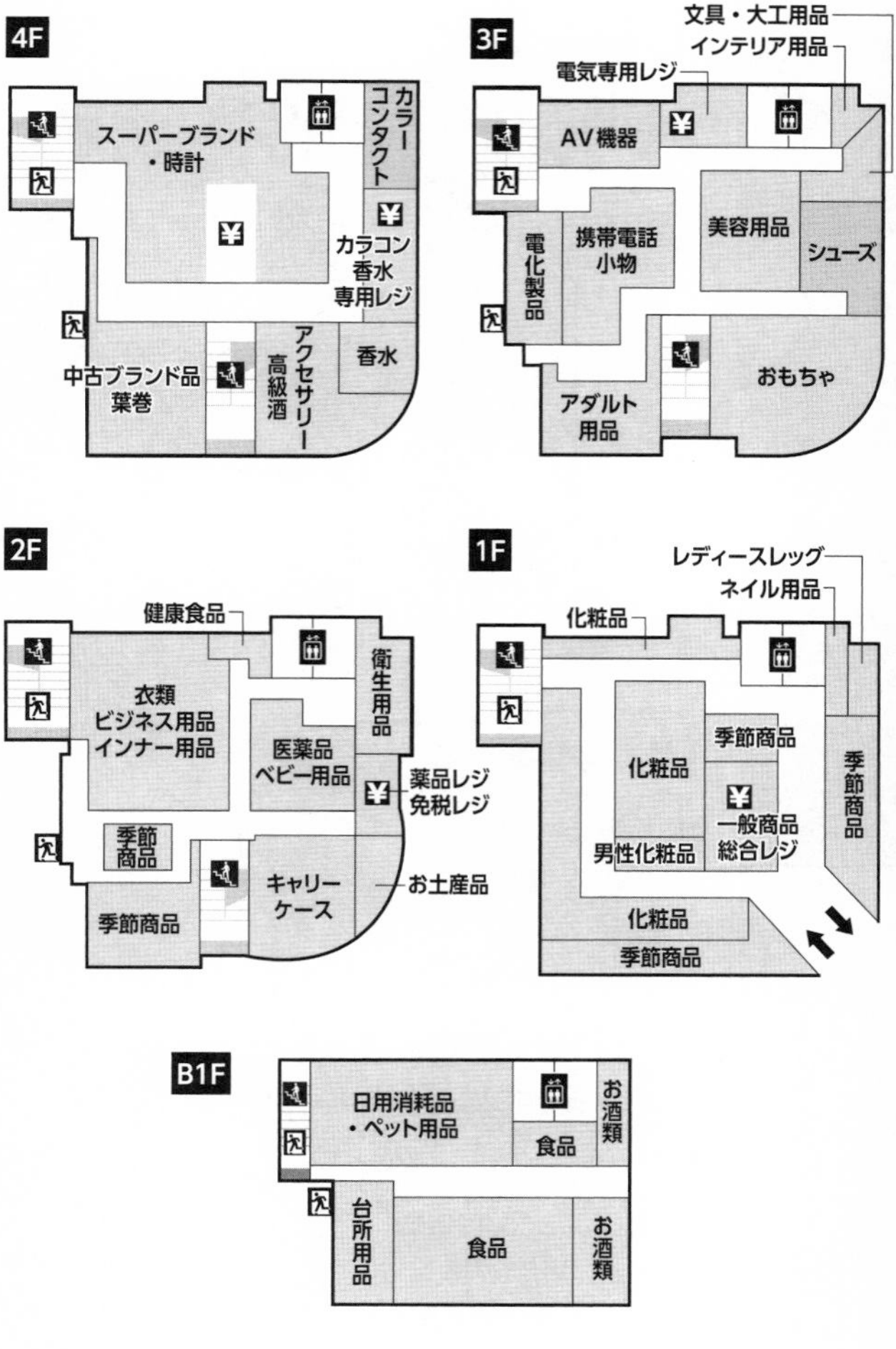

図2　練馬店の店内マップ

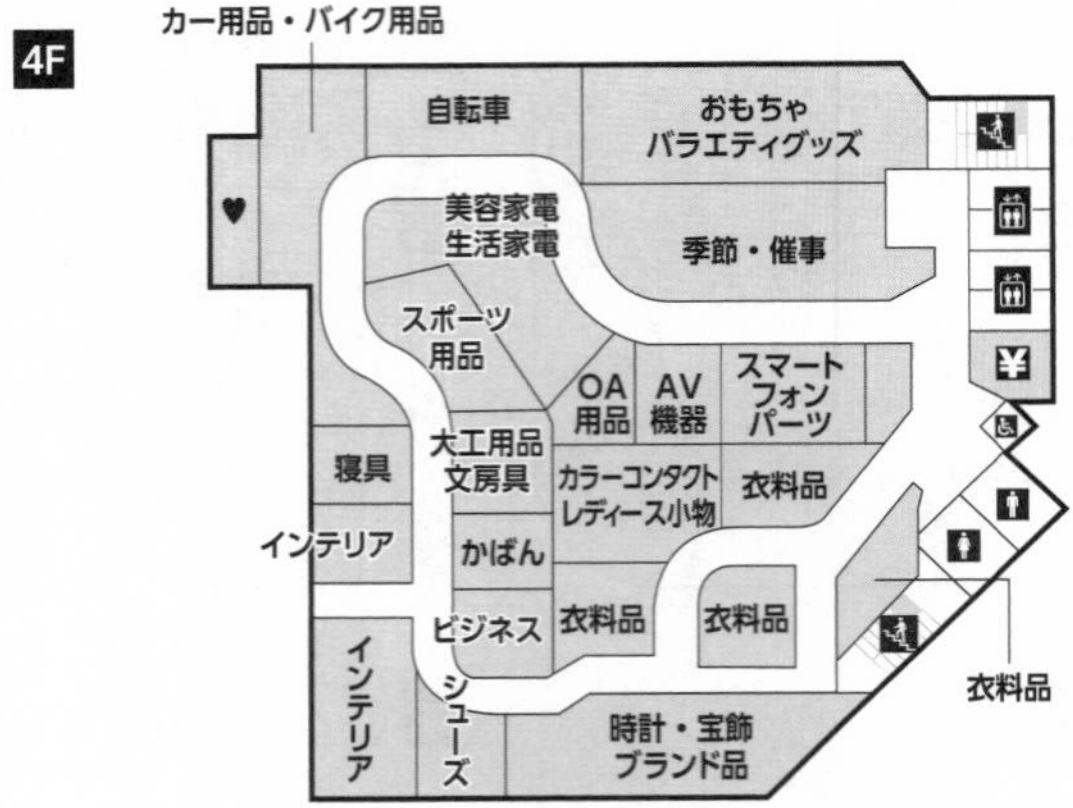

4F
カー用品・バイク用品
自転車
おもちゃ
バラエティグッズ
美容家電
生活家電
季節・催事
スポーツ
用品
OA
用品
AV
機器
スマート
フォン
パーツ
寝具
大工用品
文房具
カラーコンタクト
レディース小物
衣料品
インテリア
かばん
ピジネス
衣料品
衣料品
衣料品
インテリア
シューズ
時計・宝飾
ブランド品

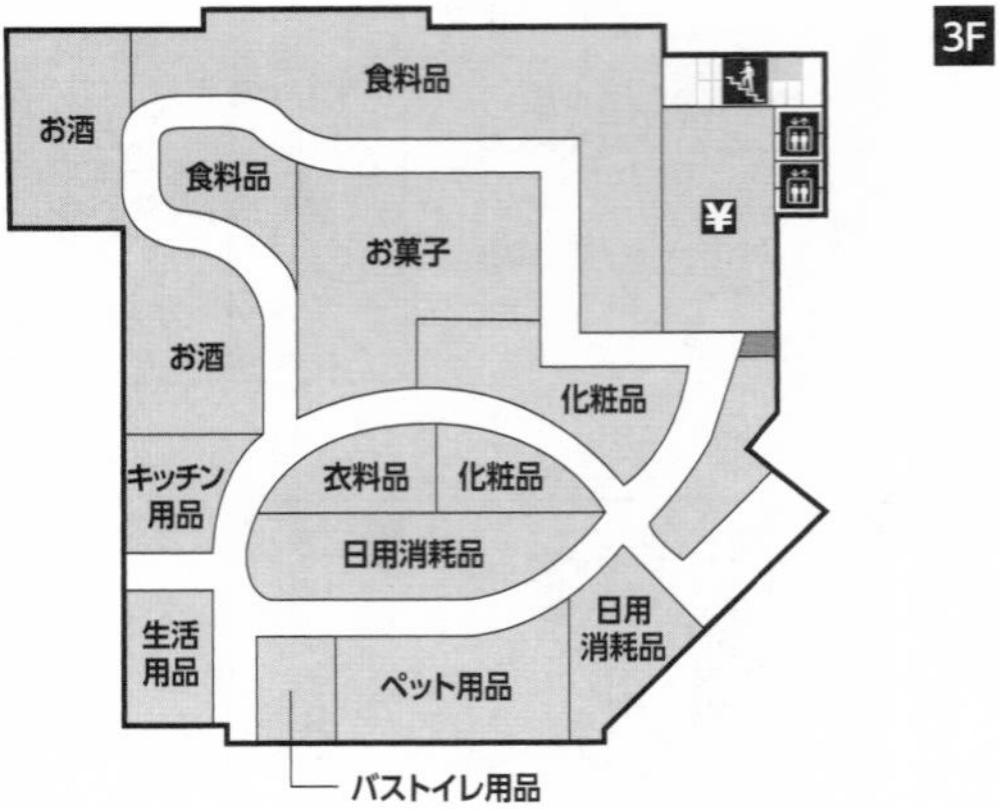

3F
食料品
お酒
食料品
お菓子
お酒
化粧品
キッチン
用品
衣料品
化粧品
日用消耗品
生活
用品
日用
消耗品
ペット用品
バストイレ用品

図3　MEGAドン・キホーテ立川店の店内マップ

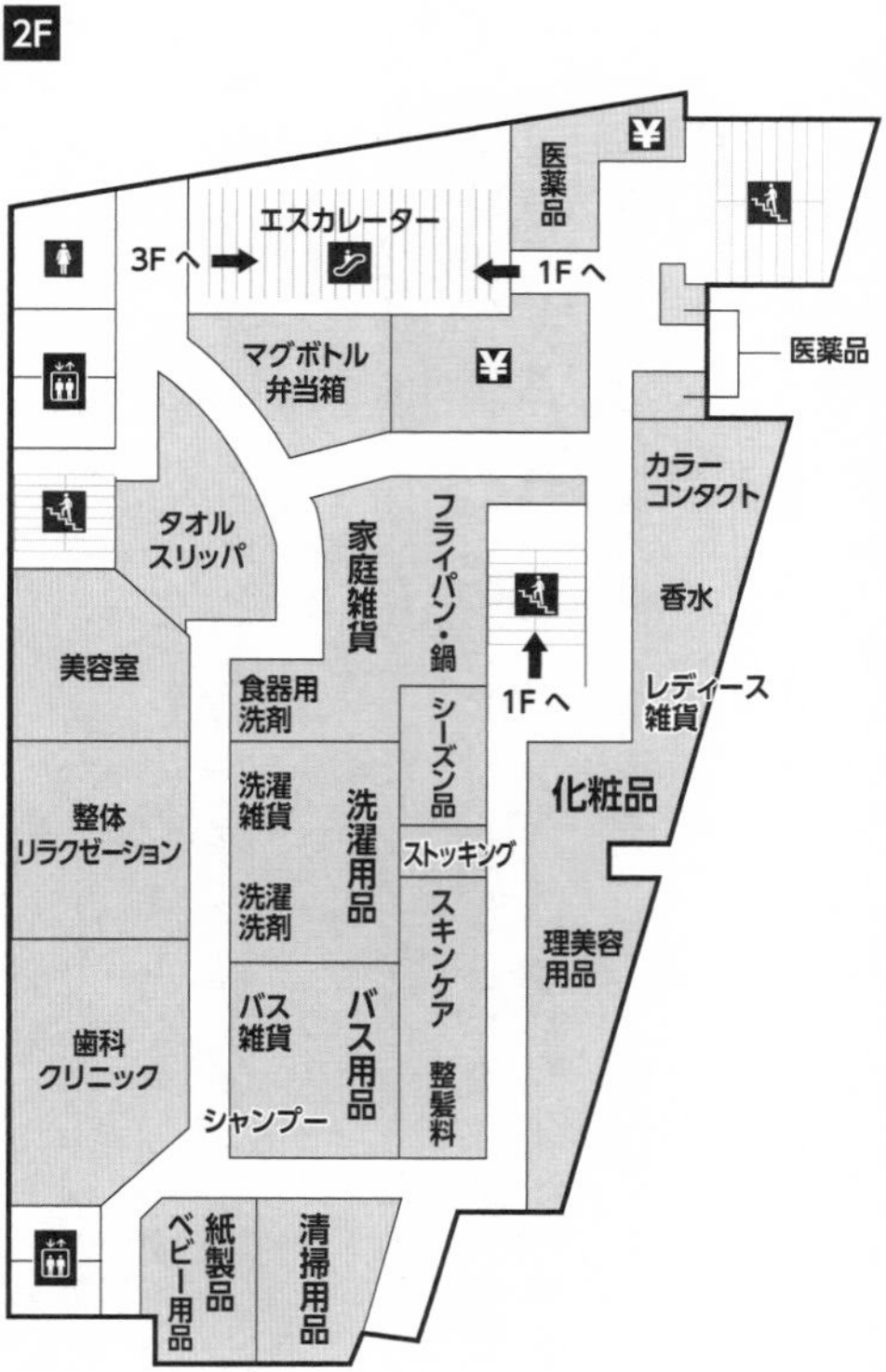

次は前章でも触れたMEGAドンキ立川店（図3）。

まず、売り場の形が非常に細長い。そもそも、この土地でなにかを売るのが大変なのではないかと思わされます。ここでも、店舗の通路はぐにゃぐにゃと曲がっていることがわかるでしょう。店内マップでは、通路の配置はかろうじてわかりますが、実際に店舗のなかに立つと、もはや商品に囲まれて店内がまったく見通せない。完全に迷子になるわけです。僕自身、幾度となくドンキで迷子になり、階段やエスカレーターの位置がわからなくなったことがありました。

東京以外でも、ドンキの複雑な通路は健在です。たとえば長崎市のドンキ浜町店（図4）。

ここまでくると、もう小売店のマップだとはとうてい思えません。一般的な建物の売り場（ドンキでは「買い場」と呼ばれています）は長方形がイメージされますが、ドンキの店内は円形の棚が入っているところもある。ドンキの複雑な店舗通路、ここに極まれり、と言ってもいいでしょう。

こうした店内の複雑さこそが、ドンキが「ジャングル」だと歌われる理由の一つでしょう。ジャングルには植物が生い茂り、人は容易に通れません。ドンキにところせましと並んだ商品を植物に見立てれば、ドンキの店内もまたジャングルだと言えます。そして複雑な売り場に大

図4　浜町店の店内マップ

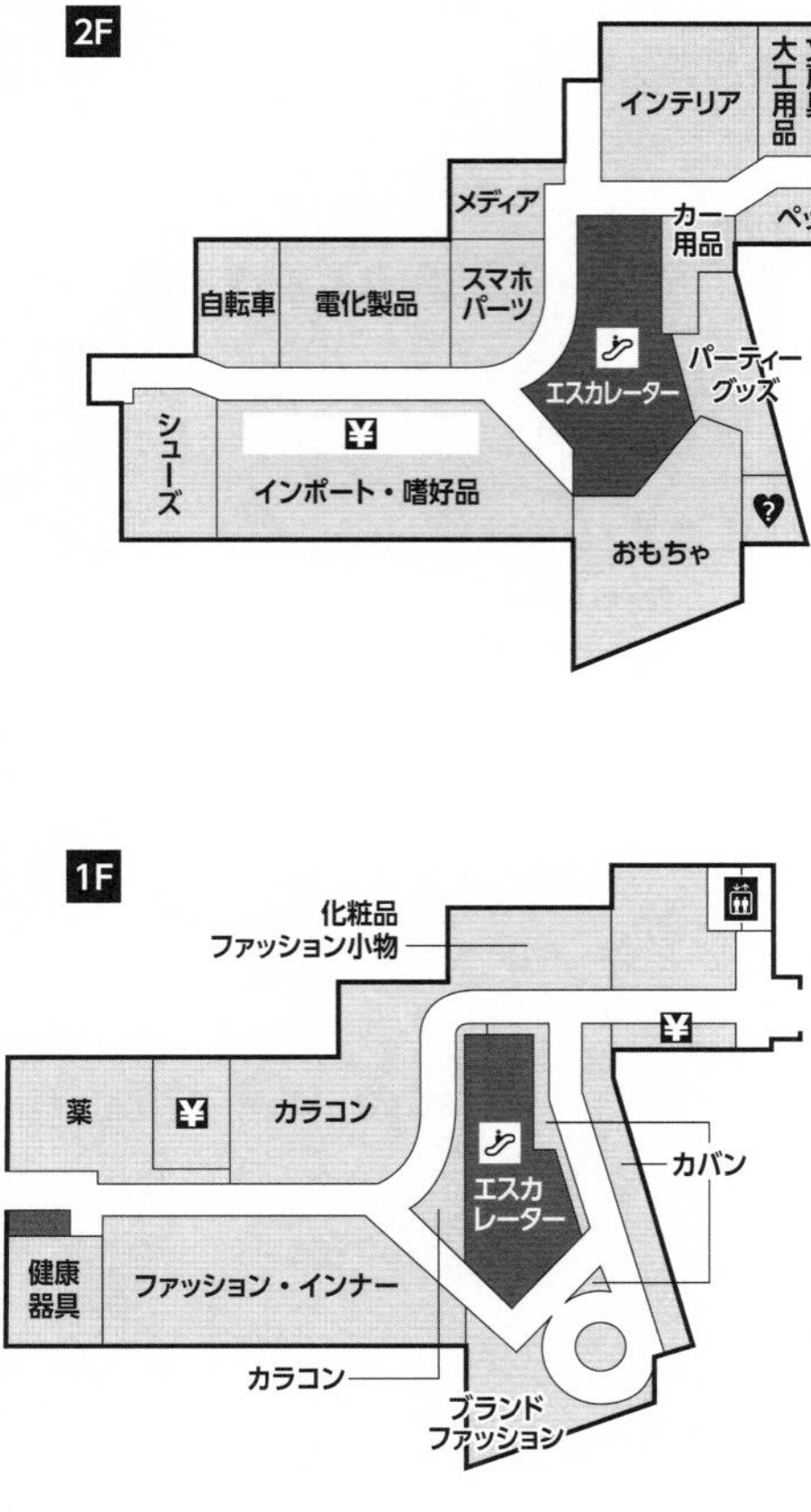

図5　一般的なスーパーの店内マップ

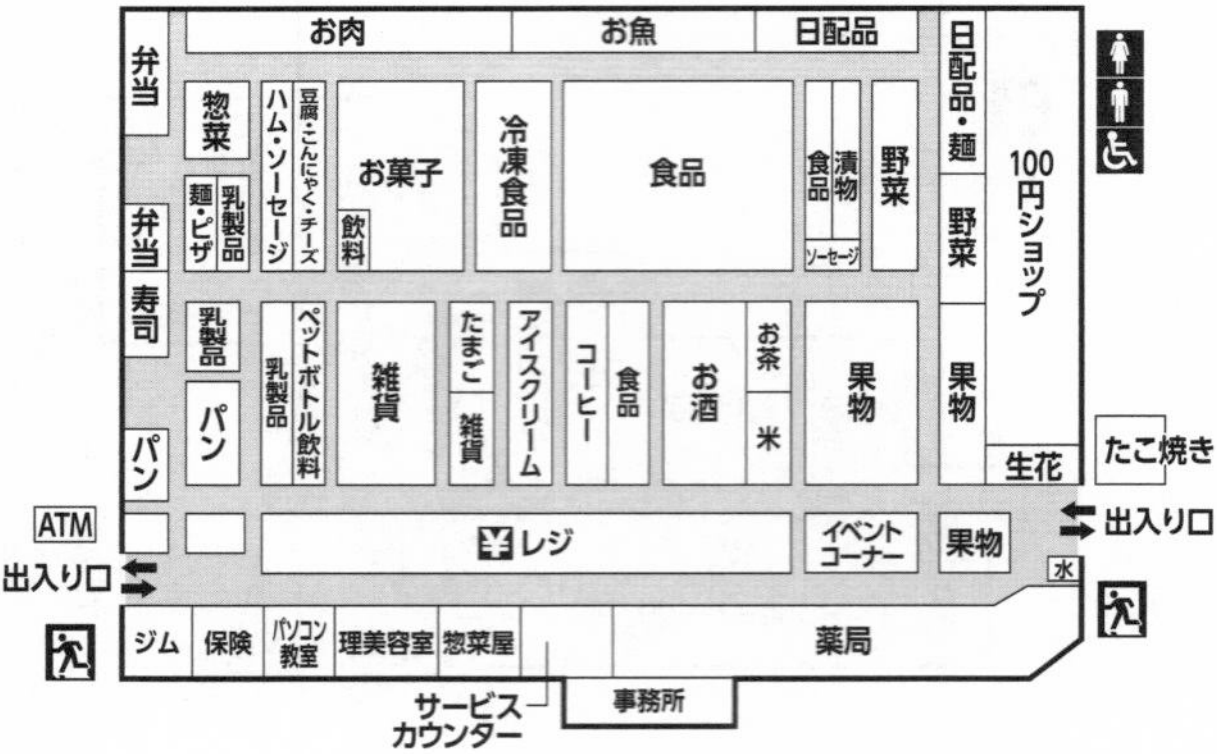

量の商品が並ぶことで、見通しの悪さが生まれるということも、容易に想像がつくでしょう。

コンビニやスーパーの店内マップはなぜわかりやすいのか

比較として、コンビニやスーパーの店内マップも見てみましょう。

一般的なスーパーの店内をイラストにしてみました（図5）。

説明するまでもないと思いますが、ドンキとは違い、それぞれの売り場がはっきりと長方形で分かれています。ドンキの店内マップに曲線が多く出てきたのとは対照的です。

コンビニの店内マップも見てみましょう（図6）。

図6　一般的なコンビニの店内マップ

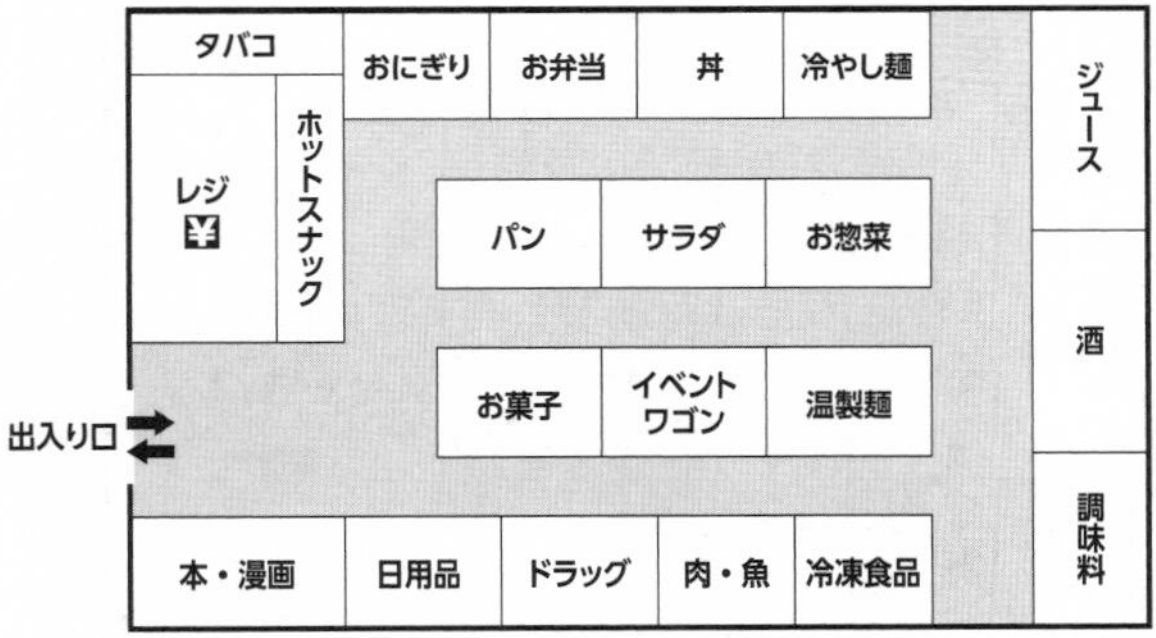

出入り口の横に雑誌コーナーがあって、進むと飲み物や食べ物が並んでいる。一般的に私たちがイメージするコンビニの姿です。格子状の区割りを「グリッド」と呼ぶことがありますが、コンビニやスーパーは典型的にグリッド状の通路だといえるでしょう。そして、それは小売業ではオーソドックスな店舗通路の形だと思います。簡単にいえば、どこになにがあるのかがわかりやすい。

その極端な例は会員制倉庫型スーパーのコストコかもしれません。コストコの店舗は、まず広い土地があるところにドーンと倉庫のような四角い建物が建てられます。そうして、一から街を作るように、そのなかにグリッド状の通路を作り、棚を置く。そうしてそこに果てしなく

図7　コストコ木更津倉庫店店内マップ

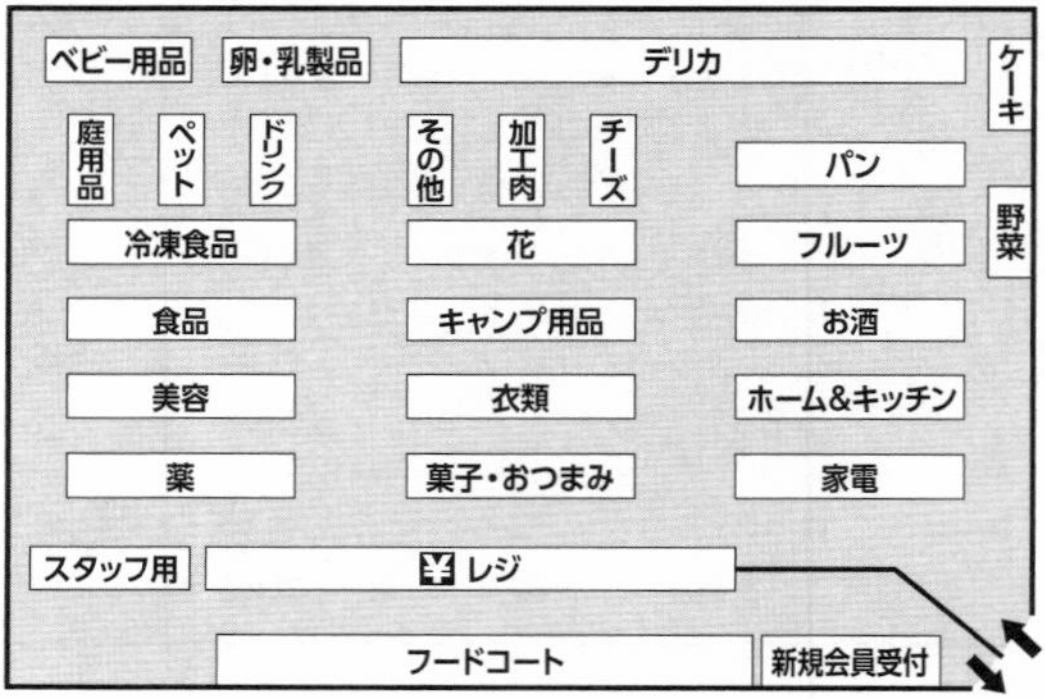

商品を並べるわけです。千葉県木更津市のコストコ木更津倉庫店の店内図をイラストにしてみました（図7）。

こう単純化してしまうと、コンビニやスーパーとほとんど同じように見えますし、実際、空間の作りかたはコンビニやスーパーと似ているでしょう。でも、恐ろしいのはその規模です。

私は初めてコストコに行ったときに、あまりの巨大さに驚いてしまいました。コンビニやスーパーを徹底させていくと、このような姿になるのか、と。そして、この姿はドンキとは正反対だな、とも考えました。どちらが小売店として優れているのか、という話ではなく、事実としてまったく異なる空間の使いかた（空間秩序）をしているのです。

じつは、コストコ的な空間の使いかたはアメリカ型の小売店に多い特徴だともいえます。そもそも、スーパーマーケットという業態は、日本でダイエーを創業した中内㓛《いさお》がアメリカ型の小売店にならって作ったものです。店内構造の面から見れば、日本のスーパーマーケットを「コストコのミニサイズ版」ととらえてもいいでしょう。また、ネット通販サイトAmazonの巨大な倉庫もコストコのようなアメリカの小売店に近い空間の使いかたをしています。Amazonは、顧客から注文が入ると、その商品を倉庫から取り出して注文者のところに届けるわけですが、その倉庫はグリッド状の通路にぎっしりと商品が並べられています。それだけではなく、商品にはそれぞれコードが割り振られ、顧客が注文した商品の場所へすぐに向かえるようになっている。その空間は、コストコやスーパーの空間との近さを感じさせます。一つにくくってしまうことは危険なのですが、やはりコストコもスーパーもAmazonも、アメリカ発祥の小売システムであるところが大きいのではないかと思います。

いずれにしても、それらの空間では「ここに行きたい」と思ったところに一直線で行くことができます。しかし、ドンキはそうもいかない。先ほどの店内マップを思い出してみてください。あるコーナーに行きたいと思っても、なかなか難しい。実際、店内マップで描かれている通路のほかにも、たくさんの小さな通路が通っており、目的地まで一直線で行くことは非常に難しいのです。商品が高く積まれていることから生まれる見通しの悪さ、そして店内の曲線通路の多さが、目的地まで一直線に行くことを阻んでいるのです。

コストコのような空間が、直線を店舗構造の美徳にしているのだとすれば、やはりドンキは「曲線の美学」、とでも呼びたくなるような店舗構造を持っているといえるでしょう。

「ジャングル」を生み出す圧縮陳列

ここまで、スーパーやコンビニ、コストコとの比較を通して、ドンキの店内が複雑で不合理な店舗構造を持っていることを説明してきました。「ミラクルショッピング」のなかにある「ジャングル」というフレーズは、そのことを表しているのではないか。わざわざ説明しなくても、ドンキに行ったことがある人ならばなんとなくイメージできるのではないかと思います。

では、どうしてドンキの店内はこんなにも複雑なのか。ここからはその理由を考えてみたいと思います。ふつうに考えるなら、なにかを売っている場所は、商品の場所がすぐにわかるほうがいいのではないか。

じつは、そのヒントもまた、「ミラクルショッピング」に含まれているのです。

歌詞のなかに、「衝動的でも得したネ」という一節があります。これが、そのヒントです。

「衝動的」な買い物。そう、つまり「衝動買い」のことです。買う予定はなかったのに勢いで買ってしまう――あなたも経験があるかもしれません。ここでは、その「衝動買い」のことが歌われている。

どういうことでしょう。ドンキは「ジャングル」のような複雑な構造をしている。そうすると、店舗のなかで迷ってしまうこともあるわけです。迷子になって、通るはずではなかった通路を通って、そこに予期せぬ商品との出会いが生まれる。買うつもりのなかった商品でも接触する回数が増えることで、「あ、これ欲しい！」とか「これ、いいかも！」と思う可能性が高まるわけです。そうなると店側としては当然、儲《もう》けが増える。

ドンキの空間戦略は一見すると不合理に見えるのですが、小売店の目標の一つである「儲ける」ということを考えたときの戦略としては、ある意味、合理性があるわけです。コストコや一般的なスーパーの戦略とは異なる独自のロジックではありますが、それで収益を伸ばしているのですから、理にかなっていることには間違いありません。

そして、このときに重要になるのが「圧縮陳列」という手法です。これは、棚いっぱいに商品をぎっしり詰めるという独特の商品陳列方法。ドンキの棚にはこれでもか、というほど商品が並べられていることが多いのですが、それは圧縮陳列によるものです。

この陳列にも、ドンキ独自のロジックが働いています。店舗のなかでいろんな商品と出会わせたいと複雑な店舗構造にしても、商品がたくさんなければあまり商品と出会えません。そのために圧縮陳列をすることで、少しでも多く商品と触れる機会を増やすわけです。結果として、棚には商品がうずたかく積み上げられることになり、店舗内の見通しがきかなくなって、店内が複雑になるのです。

整理しましょう。ドンキの店舗は複雑でジャングルのようである。その複雑さはどこから生まれているかというと、衝動買いを誘発するための合理的な仕組みから生まれている。その仕組みを徹底させるなかで、より多くの品物を並べる「圧縮陳列」にたどり着き、それらによって店舗がさらに複雑になっていく。このようなメカニズムで、ドンキの店舗は複雑に、そしてジャングルのようになっているわけです。

注目したいのは、ドンキが持つ「複雑さ」とは、複雑であることを目的としてそうなったのではなく、むしろ、効率よく儲けるための仕組みを徹底させたところに自然と生まれてきたものである、ということです。

「ミラクルショッピング」が描くドンキの姿

「ジャングル」という言葉からもわかる通り、「ミラクルショッピング」は企業のテーマソングとしては異質です。ふつう企業のテーマソングはその企業の理念や想いを抽象的に歌います。しかしこのテーマソングは、あまりにも正確に現実のドンキの特徴をとらえているのです。

たとえば「ミラクルショッピング」のなかには、「気分は宝探しだネ」という一節もあります。これはジャングルのような店内で宝探しをするように客が動き回る、ということを表現しています。また、歌詞に登場する「早い者勝ちパラダイス」や「なんでも揃って便利な」という部分は、圧縮陳列によってさまざまな商品が詰め込まれた店内の棚をよく表しています。

くわえて外すことができないと思われるのが、「今夜は何があるのかな」や「真夜中過ぎても」という部分です。ここには、「夜」というイメージを用いて性的なほのめかしが歌われています。これもまた、既存の小売店ではまったく考えられないものです。実際、ドンキのほとんどの店舗には十八歳未満の立ち入りを禁止する「アダルトグッズコーナー」があります。店内マップでは、その多くがハートのマークで描かれることも多い区画です。たいていは、店の奥のほう、あまり目立たない位置に配置されています。商品の特性を考えれば当然ですが、しかしそれでもアダルトグッズを取り扱わなかったり、厳格にゾーニングしたりする小売店も増えている昨今、ここまでアダルトコーナーが充実しているのは珍しいでしょう。

基本的にはアダルトグッズが季節や地域を問わずよく売れるという事情があるからなのでしょうが、ドンキの店内商品は徹底して多様である、ということがわかると思います。

ここまででわかるように、「ミラクルショッピング」は、ドンキの小売店としての独自戦略を端的に示しているのです。そして「ジャングル」という言葉も、ドンキが持つ複雑な店舗を忠実に表しているのではないでしょうか。

「ジャングルのような店内」の意味

さて、ドンキの店内を「ミラクルショッピング」を通して見ようという私たちの試みは、ここで一区切りついたようにも思えます。

しかし、じつは「ミラクルショッピング」における「ジャングル」は、複雑な店舗であるという意味以外にも、さらに重要なものがあるのではないかと、私は考えています。どういうことでしょうか。

というのも、「ジャングルのような店内」といったとき、私たちはもう一つ、「ジャングル」のような有名チェーンストアを思い浮かべることができるからです。

それが複合型書店の「ヴィレッジヴァンガード」（以下、ヴィレヴァン）です。一九八六年、名古屋の天白《てんぱく》区に一号店を出店して以来、現在では三百店を超える巨大な書店チェーンへと発展を遂げ、二〇一九年には名古屋テレビでヴィレヴァンを舞台にしたドラマ『ヴィレヴァン！』も放映。それが翌年には映画化までされ、同時に第二シーズンも放映されました。このように根強いファンがいるヴィレヴァンですが、その大きな特徴が、迷ってしまいそうな複雑な店舗通路と、棚にうずたかく積まれた商品に奇想天外な店内ＰＯＰ。文字面だけ見ると、まるでドンキの説明をしているかのようなのです。

ヴィレヴァンの創業者である菊地敬一は、ある対談でこのように述べています。

今Ｖ・Ｖ（ヴィレヴァン）でやってるような異空間的な商品の並べ方は、別に会議を開いて決めたというわけじゃないんです。僕と女房が2人で店をはじめて、その時客で来ていた人がアルバイトになって、そのうち社員になって、という風に今まで来てるんですが、その中で自然と伝承されてきたやり方なんですよ、いわば、自然発生的な。自然発生的にできたものって、計画されてできたものよりも楽しいですよね。よく、スーパーマーケットでやっているような、明るくきれいで整然としたプレゼンテーションは、もうみんなつまらないと思ってますから。宝物を掘り当てる楽しさがない。

（「RUB《ラ》 A《バ》 DUB《ダブ》」第二号、一九九九年）

「宝物」を掘り当てる楽しさ、というのは、まさに「ミラクルショッピング」で歌われていたことでした。「宝物を掘り当てる楽しさがないといけない」というのは、ドンキの複雑な通路や、圧縮陳列の重要なテーマとなっています。

それから、先ほどドンキの複雑な通路や圧縮陳列は利益を生み出すために自然発生的に生まれたのだということを述べましたが、ヴィレヴァンでも「自然発生的」ということが重要視されていたのです。菊地の「スーパーマーケットでやっているような、明るくきれいで整然としたプレゼンテーションは、もうみんなつまらないと思ってますから」という言葉によく表れているように、スーパーやコンビニのような、明るく照らされて整然と商品が並べられている小売店の形に対する懐疑や反発がある。そのような考えを持った人々が店舗を作ったら、ヴィレヴァンのような小売店ができたわけです。

ここにも、やはりドンキとヴィレヴァンとの類似性を見出せます。

驚くほど似ているドンキとヴィレヴァン

比較しやすいように、ドンキとヴィレヴァンの類似点をまとめてみました。これらは、すべてヴィレヴァン創業者の菊地敬一のエッセイ、『ヴィレッジ・ヴァンガードで休日を』などから抽出したものです。

① 店内ＰＯＰの重視
② 「よい」よりも「おもしろさ」を追求する
③ Ｂ級・サブ意識の強さ
④ 経営方針の一任（権限委譲）

まずは店内ＰＯＰの重視です（①）。先ほども見たように、ドンキによく見られるＰＯＰはヴィレヴァンでも非常に重視されています。ヴィレヴァンの公式ガイドブックが二〇一五年に出版されているのですが、そこでもヴィレヴァンの名ＰＯＰ・迷ＰＯＰが見開き四ページにわたって紹介されています。たとえばフエラムネのＰＯＰに「指笛できないライヴキッズへ」という言葉が、『バカ田大学　入学試験問題　馬科』（マンガ『天才バカボン』に登場するバカボンのパパの出身校を題材にした問題集）には「ヴィレッジヴァンガードのバイト面接ではここから10問だします」というPOPが付けられているようです。

それから、「『よい』よりも『おもしろさ』を追求する」というアミューズメント性へのこだわりも非常に似ている（②）。ヴィレヴァンにせよ、ドンキにせよ、あえて食べるのが避けられてしまいそうなもの、たとえば激辛ソースだったり、どこかわからない国のお菓子だったり、そうしたものを多く売っています。それは、たとえばブランド品のように「よいもの」だとは限りませんが、それを売ることによって「おもしろい」という演出を行うことができます。ヴィレヴァンとドンキは、その点でたしかに志向が似ています。

さらに、大規模小売店・大型書店に対してB級かつサブである、という意識を強く持っていることも似ています（③）。ドンキは、イオンやダイエーや百貨店のような巨大な小売店ではないし、その真似《まね》もしないと明言しています。現在の業界における規模から見るなら、ドンキは決して「サブ」とはいえない位置にまで上り詰めていますが、しかし意識としてはやはりB級かつサブであると思っていて、「業界の異端児」という言いかたはその意識を表しているでしょう。ヴィレヴァンも同様。「三省堂書店」や「丸善ジュンク堂書店」とは違うし、その真似もしない。独自の売りかたと感性で店舗を経営している。ここにも主流に対する「サブ」意識が垣間見《かいまみ》えます。

そして、なにより重要なのが、チェーンストアであるにもかかわらず、それぞれの店舗のありかたを各店の店長に一任しているという点でしょう（④）。菊地も語っているように、ヴィレヴァンの各店舗の経営は、一任された店長によって行われていることに大きな特徴があります。ですから、チェーンストアといっても、それぞれの店舗で売っているものやその売りかたが多様であることに特徴がある。そして、ドンキもまた、そのように各店舗の経営の方法を各店舗の店長やスタッフに大幅に任せている。しかも創業者の安田はそのノウハウに名前をつけ、ドンキ初期の一つの大きな事件として語っています（『安売り王一代』）。

その名も「権限委譲」。

店長やスタッフに、その店舗に置く商品の種類や量、陳列の仕方を決定する権限を与え、一任するものです。これによって、ドンキの店舗はさまざまな商品構成を持つことになるのですが、この重要性については後ほど詳しくお話しします。

このように見ていくと、ドンキとヴィレヴァンの間にはたくさんの類似点があることがわかるのです。

「複雑さ」が豊かにするもの

ヴィレヴァンとドンキは非常に似ています。しかし、私たちにとって重要なのは、「ドンキとヴィレヴァンの違い」です。ヴィレヴァンとの違いがわかれば、ドンキの特徴がさらにわかるのではないか。ここからは、その部分を考えてみましょう。結論を先に述べてしまうならば、そこに見出される違いにこそ、ドンキの「ジャングル」の本質的な意味が隠されているのです。

ここで、議論を進めるために、一本の補助線を入れたいと思います。それが、都市計画の話です。先ほど、ヴィレヴァンの店内が自然発生的にできたことを確認しましたが、自然発生的に誕生する空間や都市について語った論文があります。それが、建築論の古典の一つといってよいクリストファー・アレグザンダーの「都市はツリーではない」(一九六五年)です。都市や建築を専門的に学ばれている人からすると、あまりに古い論文なんじゃないか、と言われてしまいそうな気もしますが、やはり私は空間を考えるときにアレグザンダーが説明した方法はかなり普遍的なものではないかと考えているので、あえて使います。

雑なまとめかただと怒られてしまうのを承知で、簡単にアレグザンダーが述べたことを説明します。この論文のなかでアレグザンダーは二つの都市のタイプを提示しました。それが「ツ

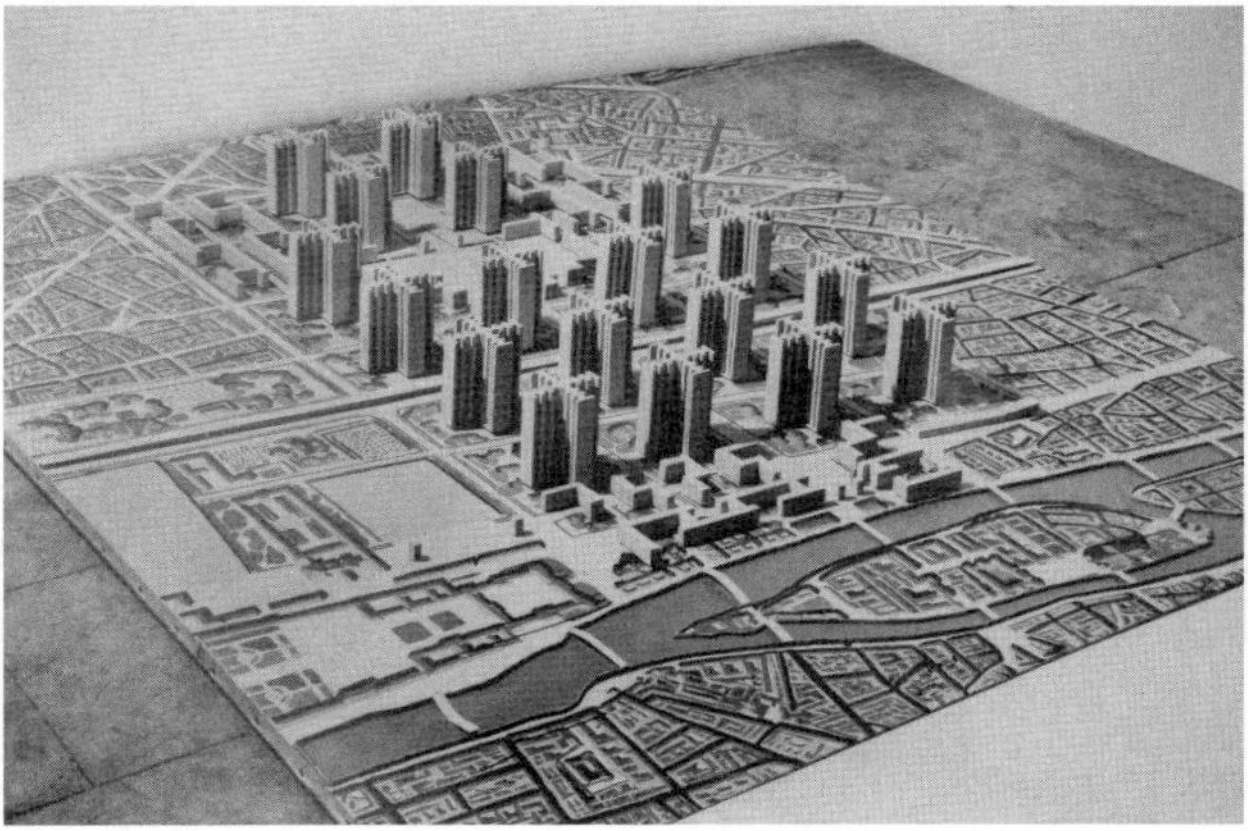

ヴォワザン計画（写真：akg-images／アフロ）

リー型」の都市と、「セミ・ラティス型」の都市です。基本的に言うと、ツリー型はある人の手によって計画されて生まれた都市で、合理的かつ機能的な都市のことを示しています。東京・上野にある国立西洋美術館の建物を設計したル・コルビュジエが、パリの再開発案として描いた「ヴォワザン計画」というものがあります（ちなみにこれは実現しませんでした）。そのイメージ図を見ると、建物が非常に整然としたグリッド状に並んでおり、合理的に都市が作られていることがわかります。

これがツリー型の都市の代表例の一つでしょう。

一方、セミ・ラティス型というのは誰か一人が計画して作ったわけではなくて、さまざまな人の手によって生まれた、自然発生的な都市のことです。

ツリー型の都市というのは、ある地点からある地点までが最短距離で行けるような工夫が凝らされていたりします。たとえば、建物や街にあるものの役割が一つに定められていたりします。◯◯をしたいなら、△△に行く、というように一つの空間が一つの意味に対応している。だからこそ、「なにかをしたい」と急いでいるときは、合理的で機能的なわけです。

しかしアレグザンダーは「都市はツリーではない」といいます。つまり、アレグザンダーが考える都市とは、ツリー型ではなく、セミ・ラティス型なのだというのです。ここで彼は、日常生活の些細《ささい》な一場面を切り取りながら、自分の主張を説明していきます。アレグザンダーの説明にちょっとした脚色を加えながら、その主張を見てみましょう。

少し想像してみてください。あなたは薬を買うために、薬局へ出かけることにしました。そうすると、その途中で信号に捕まってしまい、二分ほど時間をロスしてしまいました。信号が青になるのを待っている間、あなたは信号機の周りを見渡します。すると、信号機の近くに本屋がある。店先にはラックが出されていて、雑誌を売っているようです。その雑誌を見ると、あなたが大好きなタレントが表紙を飾っているではありませんか。あなたはすかさず、そのお店に行ってその雑誌を買う。

この通りの体験でなくても、なにかの用事で街に出かけたとき、その先で見かけたものをつい買ってしまった、という経験に一般化すれば、多くの人が体験しているのではないでしょうか。いわば、衝動買いです。

アレグザンダーがいうセミ・ラティス型の都市とは、このように目的とは逸《そ》れた人の動きを可能にしてくれるような街のことなのです。逆に考えてみましょう。薬局に行くまでの間に、もし信号機がなかったら。もし、信号機の近くの本屋が雑誌のラックを外に出していなかったら——。合理的に考えれば、信号機はないほうがいいですし、雑誌のラックだって、外に出す必要はありません。でも、そのような一見不合理なもの、薬局に行くまでの道を邪魔するようなものがあるからこそ、結果的にあなたは好きなタレントが出ている雑誌を買えたわけです。

セミ・ラティス型の都市とは、単純にいえば、無駄なものがあることによって、そのなかで、一つの目的だけに留《とど》まることのないさまざまな動きかたが可能になるような都市のことです。古くから存在するさまざまな都市を見ていくと、その多くがセミ・ラティス型であるとアレグザンダーは述べていますが、それは、人間が長く住んでいるとセミ・ラティス型の都市が自然発生的にでき上がってくるからです。人々は、都市のなかでいつも合理的に動いているわけではないし、目的とは違う行動をしてしまう。しかし、そうした無駄な動きこそが、都市を豊かにするのだというわけです。そうして都市は、複雑に、ゴチャゴチャになっていくわけです。しかし、ある時期までの都市計画はツリー型を意識した構造になっていたことをアレグザンダーは指摘しました。そうして「これからの都市はセミ・ラティスでなければならない」と言います。人間の生理に合った都市の回復を述べたわけです。

ドンキは「整然」と「複雑さ」を併せ持つ

ここまで、店内マップをもとに、ドンキとスーパーやコンビニ、コストコとの違いを考えましたが、ここではそれぞれの店内をツリー型とセミ・ラティス型という対で考えなおしてみたいのです。たとえばコストコ。これは、あきらかにツリー型をしている。それぞれの位置にちゃんとカテゴリー別に分けられた売り場があって、無駄なものは一切置かない。だから、「ここに行くんだ」と思えば、すぐにその売り場へ直行することができます。先ほど紹介したル・コルビュジエのヴォワザン計画の写真とコストコの店内マップを見比べると、かなり似ているところもあって、非常におもしろい。

アレグザンダーの説明に普遍的なものがある、と私が考えているのは、このように現代に照らし合わせてみても、それがかなりの程度まで使えるからです。

また、似たところでいえば、コンビニやスーパー。これも、かなりツリー型に近いといえる。先ほど、ヴィレヴァン創業者の菊地敬一がスーパーのことを「整然としたプレゼンテーション」と言ったことを紹介しましたが、まさに整然とした商品配列によって、目的地まで一直線で行くことができるようになっています。

では、ドンキやヴィレヴァンはどうか。これは、セミ・ラティス型だと言えそうです。店舗構造が非常に複雑になっていて、目的地までなかなか一直線で行けないようになっている。そして、店内には一見すると無駄だと思えるような商品がたくさん置いてあって、自然発生的にゴチャゴチャした空間が生まれている。

しかし、ここで単純に、ツリー型のスーパー、コンビニ、コストコ対セミ・ラティス型のドンキ、ヴィレヴァンととらえてはいけません。ツリー／セミ・ラティス、という観点で見るとドンキは非常に位置づけが難しいのです。どういうことでしょうか。

注目したいのは、ドンキの旗艦店の一つでもあるＭＥＧＡドン・キホーテ渋谷本店です。渋谷の中心に位置しているこのドンキは、二〇一七年にリニューアルオープンして現在の位置に移り、地下一階から地上七階までの八フロアすべてがドンキの店舗という巨大なドンキです。

ここで注目すべきは、地下一階の生鮮食品売り場。じつは渋谷本店の地下一階は、ほとんどふつうのスーパーのようになっているのです。ドンキにしては珍しく、見通しやすいフロアになっていて、什器《じゅうき》だけを見ていると、もうふつうのスーパーなのです。

つまり、ツリー／セミ・ラティス、という区切りで見ると、かなりツリー型に近い（もちろん、ドンキらしいPOPや張り紙などはありますが、相対的に見るとツリー型に近いということです）。では、上の階はどうかというと完全にふつうのドンキ、いうなればセミ・ラティス型の店舗構造になっています。

つまり、MEGAドンキ渋谷本店では、ツリー型の都市（店舗）とセミ・ラティス型の都市が垂直に重なって存在しているのです。アレグザンダーもこんな空間を考えたことがあるでしょうか。

したがって、アレグザンダーが「都市はツリーではない」といった言葉をもじって私は、「ドンキはツリーでもある」と言うことができるのではないかと思います

スーパーのような見た目をしたドンキの店舗はほかにも多くの例があります。たとえば、その一つが横浜元町《もとまち》の近くにあるMEGAドンキ港山下総本店です。この店舗の生鮮食品売り場は、完全にスーパーのようになっており、野菜や冷凍食品などが、非常にわかりやすく並べられています。店舗の通路は通常のドンキとは思えないほど広く、一見するとふつうのスーパー

図8　MEGAドン・キホーテUNY横浜大口店の店内マップ

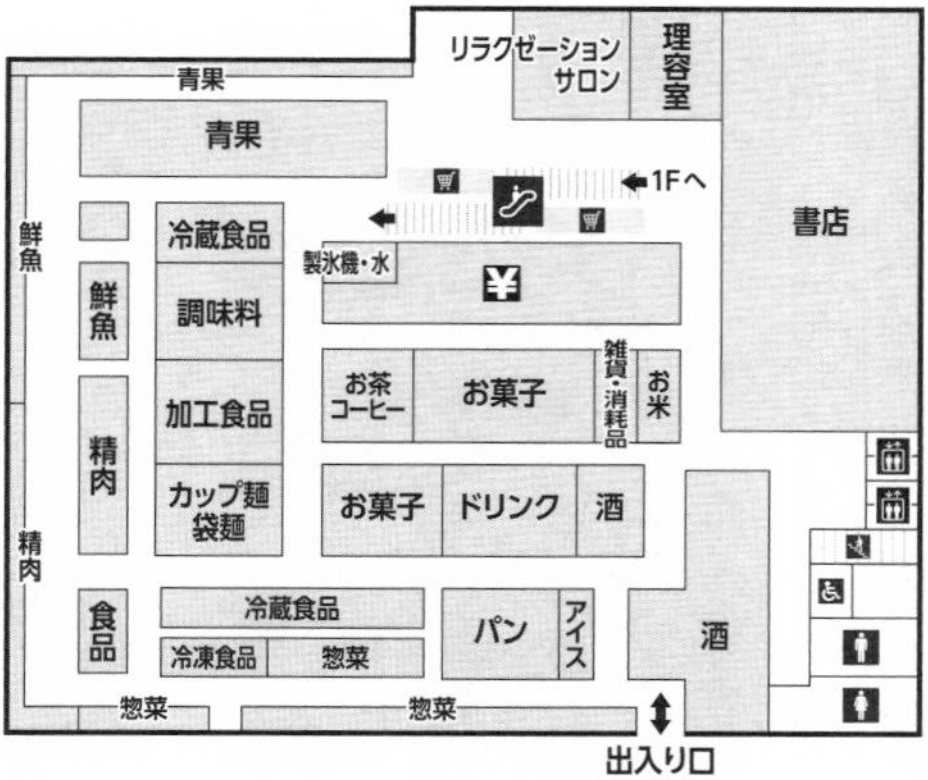

と見間違えてしまいそうになるほどです。

それから、図8の店内マップを見てください。これは、JR横浜線大口駅にほど近いMEGAドン・キホーテUNY横浜大口店のもの。ここは、もともとは総合スーパーチェーンであったピアゴの建物をそのまま使ってドンキが作られています。この店内マップも、一見すると、ふつうのスーパーのように整然としたものです。

このようにドンキの店舗の形というのは、一般的にイメージされるようなセミ・ラティス型のものだけではなくて、実際の姿を見るとツリー型にもなりうるような、とても可変性が高いものなのです。そして、この可変性が高いという特徴こそ、ヴィレヴァンとドンキを分けるのではないかと私は考えます。

先ほど、「ミラクルショッピング」でドンキが「ジャングル」と歌われることを指摘しましたが、テーマソングで歌われることによって、ドンキの店内がゴチャゴチャとしたジャングルのようなものばかりであるかのようなイメージが根強く固定されてしまったことも事実でしょう。しかし、現実のドンキは、ゴチャゴチャなだけではない、多様な姿を持っているのです。

コンビニとどう共存するか

ドンキはツリー型のスーパーのようにもなりうる、ということをいくつかの店舗の実例とともに見てきました。この態度は、ドンキの企業方針としても明確に示されています。それが、コンビニエンスストア・チェーンのファミリーマートとの共同実験です。コンビニは、ツリー型に近いことはお話ししましたが、そのツリー型の店舗をも貪欲に取り込んでしまう、それがドンキの姿勢なわけです。利潤追求という目的にかなうものであれば、世間に対するイメージとは関係なく、徹底的にその形を変えていくのです。

この実験は、二〇一八年から始まったもので、二〇二〇年二月に実験が終了しました。ファミリーマートの立川南通り店と大島神社前店、世田谷鎌田三丁目店の三店舗がその形態でオープンしました。現在、この形での新しい店舗は出店されていませんが、当時出ていたプレスリリースやニュースからその特徴を見てみたいと思います。
まずは、実験終了にあたって発表されたプレスリリースから見てみましょう。

株式会社ファミリーマートと株式会社パン・パシフィック・インターナショナルホールディングス（以下ＰＰＩＨ）は、現在東京都内（立川市・世田谷区・目黒区）3店のファミリーマート店舗で実施している共同実験を、２０２０年2月29日（土）に完了しますので、お知らせいたします。

ファミリーマートとＰＰＩＨは、ファミリーマート店舗にドン・キホーテ店舗の品揃えや売場づくり・運営手法を取り入れた共同実験店舗として、既存の店舗を改装し、２０１８年6月から営業を開始いたしました。

実験終了が二〇二〇年二月なので、一年半以上、店舗営業をしていたことになります。共同店舗ではどういうものが売れていたのでしょう。

実験店舗では、菓子や日用品、カウンターで販売する焼き芋などが好調に推移し、とあります。通常のドンキでも、店頭で焼き芋を売っている場合がありますが、それが好調だったようです。それから、菓子類はふつうのコンビニでも主力商品の一つですが、当時の店舗の写真を見てみると、グミやガムなどが壁一面にずらっと並べてある。もちろん、こうした商品だけでなく、実験店舗全体で売り上げはよかったようで、プレスリリースの続きには、「売上・客数・客単価全てにおいて大きく伸長いたしました」とあります。ここからもわかるように、圧縮陳列などのドンキのメソッドがコンビニ業界にもたらしたものは非常に大きかったわけです。

もちろん課題がなかったわけではありません。「個店ごとのオペレーションの課題等も確認されるなど、当初計画通りの効果検証が出来たため、本実験を完了とすることにいたしました」とあるので、ここであきらかになった課題から、次の新業態の一手を探っているのかもしれません。そうして「ファミリーマートとＰＰＩＨは、今後も提携関係を強化し、それぞれの経営資源や独自の強み・ノウハウを活《い》かした取り組みを進めてまいります」とプレスリリースは終わります。なお、いまもこの三店舗は通常のファミリーマートとして営業しています。

具体的に、店舗はどのようになっていたのでしょうか。店舗を訪れたレポート記事（日経×

TREND「ファミマがドンキになったら？　棚一面グミだらけ」）には、いくつかの写真が載っています。通路は通常のコンビニと同じように整然としていますが、やはりドンキメソッドである圧縮陳列が棚に施されています。壁一面にグミなどが陳列されていたり、通路の邪魔にならない程度に商品がギリギリまで詰められていたりします。ファミマとドンキを合わせたような形になっているのです。

ファミマドンキの陳列
（写真：読売新聞／アフロ）

レポートのなかでは、レジ前に栄養ドリンクが積まれている様子も見ることができるのですが、栄養ドリンクを買うつもりのなかった人がレジでふと目にして、なんとなく欲しくなって買ったことがあったのかもしれません。これは想像にすぎませんが、実際にこのような場面が多くあったからこそ、売り上げアップという効果が出てきた。ツリー型とセミ・ラティス型が合わさった店舗作りがそこで成功したということです。

ドンキとコンビニの共同実験を見てきましたが、ここでもドンキはコンビニの特徴とドンキの特徴を合わせつつ、かなり柔軟に店舗を作り上げてきたことがわかります。ドンキとコンビニは、ツリー／セミ・ラティスという対立軸で見ていけば、相容《あいい》れない存在であるかのように見えます。しかし、実際には、ドンキはコンビニと混ざることもできるわけです。

では、ヴィレヴァン×コンビニ、という形態はあり得るでしょうか。じつは、コンビニに対する態度にこそ、私はドンキとヴィレヴァンの大きな違いを見ることができるのではないかと思うのです。

「イメージ」で売るヴィレヴァン

ヴィレヴァンの創業者、菊地敬一はそのエッセイのなかで次のように社員に語ったと回想しています。

本というのは特別な消費財なんだ。まず、本を売ることに矜持を持とう。コンビニで本を買うようなセンスの悪い奴は相手にするな。（中略）お前たちは自分の本棚にある本をどこの本屋で買ったか覚えているか、残念ながら俺も覚えてない。ヴィレッジ・ヴァンガードで本を買ったお客さんが、例えば二〇年経って、その本を手にした時、二〇年前のヴィレッジ・ヴァンガードのことをまざまざと甦らせて、覚えていてくれる、そんな本屋になろう。

（菊地敬一『ヴィレッジ・ヴァンガードで休日を』）

ここに、菊地がコンビニに対して持つイメージがはっきり表れています。つまり、「コンビニのようなダサい店になるな」ということでしょう。あまりにも露骨ですが、いとも簡単にコンビニとの共同実験を行うドンキとはまったく異なる態度表明です。ここからヴィレヴァンがその小売店としての「イメージ」を非常に重要視していることがわかります。

それは、引用後半部分からもよくわかります。ここで菊地は、本を手に取ったらヴィレヴァンのことを思い出す、そんな店でいようというわけです。つまり、ヴィレヴァンでは本だけを売っているのではなく、むしろ本にプラスアルファしてついてくる「付加価値」に重きを置いているのです。その付加価値とはなにかといえば、あるときに誰々とヴィレヴァンに行って本を買った、という一連のストーリーです。だから、ヴィレヴァンにとっては、コンビニで本を買う、という無味乾燥な経験は忌避すべきものなのです。コンビニで本を買うというのは、もはや「機能」でしかない。

では、ヴィレヴァンが売っているイメージとはどういうものなのでしょうか。

菊地は次のように言います。

V・Vがこの一〇年やってきたことはまさに「アコースティック」「サブカルチャー」「ノスタルジー」であった。（同前）

ここに、ヴィレヴァンが「コンビニとは違う」と自負するコンセプトがあります。アコースティックというのは、アコースティックギターとエレキギターの違いと同じ、なるべくデジタルなものを使わないということ。アナログ感だったり、木目調だったり、そういったものを志向することです。ヴィレヴァンの店内は、全体が木目調のような内装で統一されていると思いますが、それはこのコンセプトに通ずるものです。

サブカルチャーというのもうなずけます。それはヴィレヴァンの店内商品に顕著に表れています。たとえば、マンガ。通常の書店なら、置いてあるマンガは大手出版社や人気の作家のもの、「週刊少年ジャンプ」や「週刊少年マガジン」などが大半を占めるでしょう。でも、ヴィレヴァンでは、アンダーグラウンド系マンガ雑誌の代表選手と言ってもよい雑誌「ガロ」系の作家たちのマンガが置いてあることも一つの特徴です。『ねじ式』で有名なつげ義春や、いまやテレビタレントとしての知名度のほうが高い蛭子能収《えびすよしかず》の作品などが置いてあります。「ガロ」系の作家のマンガは、ジャンプやマガジン系のマンガと比べれば購買層はそこまで広くないかもしれません。しかし、それでも店のコンセプトを演出するためにそうした商品を置く、というのはヴィレヴァンが持つ一つの大きな特徴ではないでしょうか。

そして、最後の「ノスタルジー」。ここでヴィレヴァンが志向するノスタルジーとは、一九五〇年代、通称フィフティーズと呼ばれるアメリカ文化が醸し出す「ノスタルジー」に近いものです。たとえば、ヴィレヴァンでは、アメリカのお菓子や、アメリカ映画のステッカーなどが販売されていることがあります。菊地のエッセイを読んでいると、彼が戦後日本に輸入されてきた「アメリカ文化」への憧れを強く持っていることがわかります。ヴィレヴァンを立ち上げてすぐのころにアメリカの雑貨を輸入しすぎて、売るのに苦労したという逸話もあるほどです。また菊池は村上春樹を敬愛していますが、村上もまた、英米文学の強い影響を受けた小説家です。そんな村上への傾倒も、アメリカ文化への憧れを表しているでしょう。

くわえて、アメリカが生んだ一つの文化、ジャズとの強い結びつきも見逃せません。そもそも、ヴィレッジヴァンガードという店名は、アメリカの老舗ジャズクラブ「ヴィレッジ・ヴァンガード」から採られています。ここでのライブの多くが録音作品として世に出ています。ビル・エヴァンス・トリオによるライブ盤『Sunday at the Village Vanguard』もその一つですが、菊地の密《ひそ》かな楽しみは、日曜日にそれを一日中店舗で流すことだといいます。また、ヴィレヴァンを作るときの店名候補として挙げられていたものは、すべてジャズにまつわる言葉でした。

こうしたエピソードからも、ヴィレヴァンには時代的にも地理的にも遠いアメリカへのノスタルジーが色濃く反映されていることがわかるでしょう。

そして「イメージを重要視する」ところにこそ、ヴィレヴァンの大きな特徴、言い換えればドンキとの大きな違いがあります。先ほどから繰り返し確認しているように、ドンキは、利潤追求という目的のためには、その店舗形態として最も対極ともいえるであろうコンビニとも手を組みます。いわば、「ツリー型にもセミ・ラティス型にもなる」。それは、ファミリーマートとの共同実験がよく表しています。したがって、あくまでもドンキが重要視しているのは、店のイメージというよりも、利潤追求なのではないでしょうか。これは、コンセプトに重きが置かれているヴィレヴァンとの顕著な違いだと思います。ヴィレヴァンの姿勢を一言で表すなら

「ヴィレヴァンはセミ・ラティスでなければならない」といったところでしょうか。こんな違いがドンキとヴィレヴァンには見られるのです。

「権限委譲」の二つのタイプ

これに関連してさらに言及したいのが権限委譲のありかたです。ドンキとヴィレヴァンにはどちらも、経営方法を各店舗の店長に任せる権限委譲の戦略が見られると記しました。しかし、この権限委譲のありかたも、ヴィレヴァンとドンキでは、大きく異なるのです。このことを考えていくと、ドンキの戦略や特異性が、さらにあきらかになってきます。

両者の違いで重要なのは、「どんな人に権限委譲をしているのか」という点です。もちろんそれは各店舗の店長やスタッフです。では、いったいどんな人がドンキやヴィレヴァンのスタッフになるのか。

このことについて、先ほども引用しましたが、ヴィレヴァン創業者の菊地は「V・Vでやってるような異空間的な商品の並べ方は、別に会議を開いて決めたというわけ」ではなく、「僕と女房が2人で店をはじめて、その時客で来ていた人がアルバイトになって、そのうち社員に」なり、「その中で自然と伝承されてきたやり方」だと述べていました。

つまり、ヴィレヴァンでは、その店の熱烈なユーザーだった人が、アルバイトとして入り、そのアルバイトの人がそのまま社員や店長になっていくという仕組みが採られていたわけです。ですから、ヴィレヴァンで働いている人の多くが「ヴィレヴァン好き」なのです。店舗の数が多くなった現在では、もちろんバイトの一般募集もしています。しかし、それでも応募してくる人は「ヴィレヴァン好き」やヴィレヴァンによく通っている人が多いのです。たとえば、ヴィレヴァン下北沢店（東京都世田谷区）で働く長谷川朗さんは、学生時代から週に二、三回ヴィレヴァンに通っていたことをインタビューで述べています（「小舟の先輩たちのインタビュー①長谷川朗さん」）。そのような人たちであれば、権限委譲をしても、ヴィレヴァンのイメージは守られていくのではないか。各店舗の仕入れはその都度変わるのですが、それでもヴィレヴァンそのもののイメージは変わることはない。このようにして、創業者以外の人に権限委譲をしても、ヴィレヴァン全体としてはそのイメージを保ち続けられるのです。

一方、ドンキはどうでしょうか。

ドンキの採用サイトを見てみましょう。企業側が出しているものですから、その内容を鵜呑《うの》みにはできませんが、ここにはドンキで働く人々の声が記されています。

たとえば、採用サイトのなかで「ドン・キホーテを就職先として選んだ理由は？」という質問に対して、「権限委譲、実力主義」や「権限委譲という経営方針に惹《ひ》かれました。自分が自由に、さらに最短でできる会社はここしかないと思いました」など直接「権限委譲」という言葉が登場しているものもあれば、「一般的な会社員に比べ、自分の判断、責任のもと仕事ができ、やりがいがありそうと感じたから」など、権限委譲に代表される裁量権が、社員に与えられる仕組みに魅力を感じている声も大きく取り上げられています。つまり、ドンキに来る人は、ドンキ自体が持っているイメージだけではなく、むしろ権限委譲されること、それを目的に来ているわけです。ですから、ドンキの採用は、国籍や年齢などを問わない、さまざまな人を対象にしています。とくにアルバイトについては、「主婦（育児中）」や「主婦（育児卒業）」「主婦（フルタイム）」「外国人スタッフ」「シニアスタッフ」など幅広くアルバイトを募集しています。これは、ヴィレヴァンが「ヴィレヴァンの常連客」からスタッフになっていく、という流れとは一線を画すでしょう。それは、ドンキがある意味では、「ドンキ好き」だけではなく、むしろ権限委譲を目的に来るすべての人を雇うという姿勢を持っていることを証明していると思います。

もちろん、すべての従業員がこのような理由で入ったわけではないと思いますが、しかし企業側があえてこのような声を取り上げているところに、ドンキが採用において権限委譲を大きく押し出し、多様な人を受け入れる、という姿勢を見せていることは指摘できるでしょう。

つまり、ヴィレヴァンの権限委譲が、「ヴィレヴァン好き」の人々に支えられているのだとしたら、ドンキの権限委譲は権限委譲そのものに惹かれた人々によって成り立っています。ドンキにおける権限委譲とは、「儲けたい！」という欲望を叶《かな》えてくれるものです。事実、ドンキの社員／アルバイト募集などを見ると、権限委譲の結果、業績アップが見られた社員やアルバイトには、かなりこまめにインセンティブが与えられる仕組みが整っていることがわかります。もちろんすべての人がそうではないでしょうが、ここでは「儲けたい！」という欲望で集まってきた多様な人々への権限委譲が行われているのではないでしょうか。

興味深いのは、そのようなシンプルな資本主義的欲望に基づいてできた権限委譲が、むしろドンキの店舗を複雑で多様なものにしている、ということです。

ドンキ的「権限委譲」がもたらす多様性

ドンキ創業者の安田隆夫が『安売り王一代』のなかで、権限委譲は、ドンキをいまのような成功に導いた最大の要因だと書いています。このシステムが画期的だったのは、徹底してその地域に必要なものが売られていく点で、既存のチェーンストアに見られる陳列商品の画一性が打破されることです。そして、ヴィレヴァン的な権限委譲とも違うこのありかたが、ドンキをまた別の意味で、「ジャングル」にしている、というのが「『ミラクルショッピング』はなぜ『ジャングル』を歌うのか」という疑問に対する私の答えです。その結論を話す前に、ドンキ的な権限委譲がどのような店舗を作り上げているのか、実際の店舗を例に見てみましょう。

先ほどはMEGAドンキ渋谷本店を例に考えていきましたが、ここからはさまざまな店舗を見ながらその姿を考えていきたいと思います。ドンキでは、権限委譲の仕組みによって、それぞれの土地でさまざまな姿をしたドンキを見ることができます。

たとえば第一章でじっくり見たドンペンも、地方ごとにさまざまに変化します。ドンキ長野駅前店では、リンゴをたくさん持ったドンペンが描かれています。長野の名産といえば、いうまでもなくリンゴです。そのリンゴを持ったドンペンがいるというのは、ご当地ならではでしょう。ちなみに、店内の売っている品を示すプレートもリンゴになっており、密かにご当地感を出しています。

また、ドンキ岡山駅前店にもおもしろいドンペンがいます。もともと、「イオンモール」のファッションビル事業の「岡山ＯＰＡ」があった場所を居抜いて作られたこのドンキには、桃太郎ドンペンがいるのです。それはもちろん岡山が、誰もが一度は聞いたことがある昔話「桃太郎」の舞台とされているからです。

それから、仙台。思い浮かぶのが武将・伊達政宗でしょう。青葉山公園には、いまでも仙台の街を望むかのように伊達政宗の銅像が立っています。それは、ドンキでも同じです。仙台の中心商店街にそびえたつドンキ仙台駅西口本店には、伊達政宗の格好をした伊達政宗ドンペンがいます。こんなところからも、伊達政宗は仙台の街を見つめているのです。

このように、店舗の内装などには、いわゆる「ご当地」感が強いドンキがたくさんあるわけです。しかし、このような店舗内装などは、その地域の姿が本質的に反映されているというわけではなく、むしろその地域の「イメージ」をなぞっただけなのではないか、と思う人もいるでしょう。たしかにそうです。こうした例は、その地域固有の姿をドンキが持っている、という証拠にはなりそうですが、これだけでは地域の姿を浅く反映しているだけだと感じられます。

こうした表面上の仕掛け以上に、地域の姿を反映しているのが店内の品揃えです。

顕著なのが、池袋駅西口店や、西川口駅前店（埼玉県川口市）です。第一章でも池袋駅西口店を扱いましたが、これらのドンキには、量・種類とともに、通常のスーパーでは考えられないぐらいに中国食品が充実しています。なぜなら、これらの店の周りには、中国にルーツを持つ人々が多く住んでいるからです。とくに、池袋駅西口店を擁する池袋駅の北側エリアは、近年急速にチャイナタウンとして発達してきており、ドンキで中国食材の取り扱いが多いことも、納得がいくわけです。

　それから、コスプレグッズの種類が非常に多いのが、秋葉原店（東京都千代田区）です。秋葉原といえば、池袋に並ぶコスプレイヤーの聖地で、ほかにも多くのコスプレショップが軒を連ねます。このラインナップも、かなり理解しやすいのではないかと思います。

　もう一つだけ、特徴的なラインナップを持った店舗を紹介させてください。外国のお菓子の種類が豊富なドンキ多摩瑞穂《たまみずほ》店（東京都瑞穂町）です。なぜ外国のお菓子が多いのでしょうか。多摩瑞穂店は、国道16号線沿いにあり、道路の反対側には、在日米軍の横田基地があります。おそらく、その関係で外国のお菓子が多いのではないかと私はにらんでいます。多摩瑞穂店に訪れると、外国人のファミリーも目立ちますし、基地で働く人々が、ここに故郷の味を求めにやってくるのではないか、と思うのです。ちなみに多摩瑞穂店の四階には、ガラス張りになっているエリアがあり、そこに置かれている望遠鏡から、横田基地の滑走路を眺めることもできます。興味があるかたは、ぜひ訪れてみてください。

　そういえば、ここまでヴィレヴァンとドンキを比較してきましたが、ヴィレヴァンにもこういうアメリカのお菓子を売っている店舗があるでしょう。それは、先ほども言った通り、ヴィレヴァンにとっては「アメリカ」というイメージが必要だからです。それらはヴィレヴァンにとって必要不可欠な商品ですが、ドンキにとっては、すべての店舗に必要なわけではない。たまたま、横田基地の近くにドンキがあり、需要があったからこそ売っているにすぎません。ここにも、ドンキとヴィレヴァンの違いが表れています。

改めて、ジャングルへ

このような権限委譲のなせる業《わざ》として、地域住民のニーズが商品の選定に著しく影響を与えていることがわかります。そうした意味で、権限委譲がドンキにおいて果たす役割は非常に大きく、それゆえに創業者の安田が「ドンキを現在の姿に導いた最大の要因」というのも納得がいきます。地域のイメージや、表面上の「ご当地」感だけではなくて、商品陳列にまでその地域の多様性が反映されている。つまり、周囲の都市が、ドンキのなかへ入り込んでいるわけです。第一章では、レヴィ＝ストロースの議論を踏まえながら、ドンペンの装飾が、「内と外を融和させる」ということをドンキにもたらしているのではないかと書きました。

店の外観のみならず、店内の姿すらもドンペンによって周りの環境と融和されているのではないか。そんなことを妄想してしまいます。そもそも各地域にはさまざまなニーズを持った人が住んでいますから、そのニーズがドンキに反映されると、おのずとその地域独自の姿をドンキは持ちます。つまり、ドンキは、一つのチェーンストアでありながら、店舗ごとに多様性があるのではないか。

さて、本章ではまず、ドンキに流れているテーマソング「ミラクルショッピング」について考えていきました。その結果、そこで歌われている「ジャングル」が圧縮陳列によって作られるゴチャゴチャした店内のことなのではないか、という仮説を出し、同じく「ゴチャゴチャ感」がウリのヴィレヴァンと比較しながら、ドンキの内部空間の特徴を探っていきました。その結果わかったことはなにか。それは、ドンキが権限委譲というシステムによって、「ゴチャゴチャな（＝セミ・ラティス的な）だけでないドンキ」も作っているということでした。そして、ドンキでは店舗ごとに内装や商品、店内構造が大きく異なることも指摘しました。ドンキは多様なのです。ここでもう一度「ミラクルショッピング」の話に戻って、この章を閉じたいと思います。

なぜ、「ミラクルショッピング」はジャングルを歌うのか。

その問いの答えとして私は「それは、ドンキが地域ごとに多様な姿を形成しているからだ」と自分の答えをアップデートしたいと思います。

この章の最初の見立てでは、ジャングルというのは、ゴチャゴチャしている店内の象徴だというふうに書きました。でも、私たちは、ゴチャゴチャしていないドンキの存在を見ていきながら、そのシステムを考えました。権限委譲のシステムによって、ゴチャゴチャもするし、スーパーのようにもなるし、ゴチャゴチャとはほど遠いコンビニとも提携するのがドンキなのです。

ここで考えたいのは、ジャングルというのは、もちろんゴチャゴチャしたイメージを表すシグナルとしても働くとともに、多様な生態系を持つというシグナルとしても読み取ることができる、ということです。

「ミラクルショッピング」の歌詞を見てみましょう。歌詞で歌われているのは、じつはドンキの一店舗だけの話ではないのです。歌詞のなかに「ドンキめぐりはクセになる」というフレーズがあります。つまり、歌詞では複数の店舗の話をしているわけです。ですから、「ミラクルショッピング」は、あるドンキの一店舗のなかのことを歌っているのではなくて、チェーン全体を見たときにいろいろな店舗がある、というドンキの多様性のことを歌っているのではないでしょうか。そこでは、権限委譲の仕組みによって、店舗が置かれた地域ごとにツリー型にもセミ・ラティス型にもなりうる、ドンキの多様な姿が歌われているのだと思います。それが、私が思う「ジャングル」の意味合いです。

ここまで、ドンキとほかのチェーンストアを分けている「ジャングル」というキーワードを、「ミラクルショッピング」を入り口に解説してきました。そこから見えてきたのは、「儲けたい」という商業的な欲望の結果、ドンキが独自の戦略やそれぞれの地域による多様性を生み出してきたということです。これは従来の「チェーンストアは均質である」という言説とは、まったく異なる現実です。次章では、「地域性」ということをキーワードに、「都市のなかのドンキ」という視点でその内実に迫っていきたいと思います

第三章　チェーンストアは新たな地域共同体である

ヤンキーとDQNとドンキと

前章では、ドンキのテーマソング「ミラクルショッピング」を入り口に、ドンキの店内構造に注目しました。そこでは、ドンキの経営戦略である「権限委譲」のシステムが、ドンキの店内空間を多様で複雑なものにしていることがわかりました。各店舗の店長・店員がその地域に必要なものを個人で判断し、揃えることによって、ドンキが地域特有の姿を持つわけです。

そこから見えてきたのは、ドンキとその周りにある場所の関係です。ドンキは都市のなかでは異質であるかのように見えるけれども、じつは周辺の都市を非常に敏感に感じ取り反映しているのではないか（ただし繰り返し述べているように、その多様性は、ドンキが企業として利益を追求する過程で自然に生まれたものです）。

そこで本章では、これまでの議論から見えてきた「都市のなかのドンキ」というポイントに焦点を絞って話をしていきたいと思います。

そのときに、テーマとしたいのが「ヤンキー」です。ヤンキーとは、不良行為を行う少年少女全般を指します。なぜヤンキーを取り上げるのか。それは、ドンキと結びつけて語られやすい存在だからです。「週刊東洋経済」のドンキ特集号の表紙に書かれた言葉を引いてみましょう。

かつて「ヤンキーのたまり場」でもあったドン・キホーテ。総合スーパーへの居抜き出店などで生鮮食品中心の店舗が急増し、客層は拡大。海外出店も加速中だ。

（「週刊東洋経済」二〇一九年三月三十日号）

ここには、ドンキが都市のなかでどう位置づけられていたのか、その変遷がわかりやすくまとめられています。かつてのドンキといえば、「ヤンキーのたまり場」だったのです。実際、ある時期のドンキにヤンキーが多く集まっていたことは事実として指摘できるでしょう。ドンキが全国に広がり始めたころ、その出店場所の多くは国道沿いでした。ドンキの一つのウリが

「深夜営業」です。ドンキのようになんでも揃っていて深夜まで営業している店は当時珍しかったため、夜に車やバイクで集まってきたヤンキーたちが国道に渋滞を作ったというエピソードもあるぐらいです。

これから述べるように、こうしたヤンキーとの結びつきは、現実には年々弱まってきているのですが、現在でもドンキとヤンキーはイメージとして強い結びつきを持っているようです。

それを顕著に表しているのが、兵庫県で結成された人気ロックバンド・キュウソネコカミが二〇一二年にリリースした楽曲「ＤＱＮなりたい、40代で死にたい」です。この曲にはドンキの前に溜《た》まったＤＱＮに胸倉を掴《つか》まれたという描写があります。

ＤＱＮというのは、非常識な人や軽率な人を指すネットスラングで、ここではほとんど「ヤンキー」と同じ意味でとらえていいでしょう。キュウソネコカミは、二〇一〇年代に、若者の流行や日常で見かける光景を皮肉るような歌詞で共感を呼んでブレイクし、現在では音楽フェスのメインステージの常連です（ちなみに「ＤＱＮなりたい、40代で死にたい」をフェスで演奏すると何万人もの観客が楽曲の後半に登場する「ヤンキーこわい」というフレーズを大合唱します）。つまり、彼らが歌ったドンキの前にいるＤＱＮに胸倉を掴まれるという光景は、若いリスナーにとって十分にイメージができる状況なのです。それほど「ドンキ＝ヤンキー・Ｄ

QN」というイメージの結びつきは強いものだと言えるでしょう。

メディアが生み出したドンキとヤンキー・DQNのつながり

さらにヤンキー・DQNとドンキのつながりを詳しく見てみましょう。注目したいのはDQNという言葉の起源です。ヤンキーという言葉は、ドンキが誕生するずっと前から存在している言葉でしたが、DQNになると、少し事情は変わります。

DQNという言葉が誕生したのは、一九九四年から二〇〇二年にテレビ朝日系列で放送されていた『目撃!ドキュン』という番組がきっかけです。この番組は、不良や、とんでもない理由で離婚した夫婦を突撃取材するなど、一般的ではない生きかたをしている人々に注目したヒューマンバラエティです。そこで扱われた人たちが、番組名から派生して「ドキュン」と呼ばれるようになり、それがローマ字に変換されて「DQN」という言葉が誕生しました。

興味深いのは、番組の放送時期。この番組が放送された一九九四年から二〇〇二年までというのは、奇《く》しくもドンキが一号店を繁盛させ、社会的に有名になっていく時期とほとんど同じなのです。

一九八九年の一号店開店直後は、創業者の安田が現在のドンキに見られるような経営手法を確立できていませんでした。そこから約四年の間、営業方法や経営戦略をめぐって試行錯誤の時期が続きます。そうして前章でも見た権限委譲の考えかたを生み出し、一九九〇年代後半から二〇〇〇年代前半ぐらいにかけて店舗数を増やしていくことができました。

そのとき、先ほども述べたような、ヤンキーが国道沿いに押し寄せたという報道もあり、「ドンキ＝ヤンキーのたまり場」的なイメージがだんだんと根付き始めました。そんなタイミングで、この『目撃！ドキュン』が全国ネットで放送されたわけです。つまり、ドンキとヤンキー・DQNが結びついているというイメージは、メディアによって生み出されたのではないでしょうか。

『目撃！ドキュン』で取り上げられた人も誇張されていたでしょうし、国道沿いに車が大挙して押し寄せたのはわずかな店舗だっただろうと思います。ヤンキーやDQNと呼ばれる人々の全員がドンキを愛して使っていたかというと非常に怪しいですし、ドンキ自体も二〇〇〇年代後半あたりからその業態や規模をどんどんと変化・拡大させていきます。つまり、世間でイメージされるヤンキー・DQNとドンキの結びつきはだんだんと弱まっていくのです。

それが最もわかりやすく表れているのが、ファミリー層向けの新業態「MEGAドン・キホーテ」（以下、MEGA）の開拓です。MEGA業態の登場は二〇〇八年。これが、ヤンキー向けだけではないドンキのありかたを象徴しています。

ファミリー需要を生み出したMEGAドンキ

MEGAとはなんでしょう。流通コンサルタントである月泉《つきいずみ》 博《ひろし》は、創業者安田隆夫との共著『情熱商人』でこのように記しています。

> ドンキとMEGAは同じ「ドン・キホーテ」という名前がついていて、業態分類的にはどちらも総合DS（引用者註：ディスカウントストア）に属するが、両者のターゲットとMD（マーチャンダイジング。引用者註：経営の仕方のこと）、業態構造はまるっきり異なる。（中略）ドンキの主力ターゲットは20～30代のシングル族やノーキッズカップルで、彼らの夜型パーソナル利用が主体だ。対するMEGAは、これまでのドンキにはあまり来店しなかったファミリーや中高年層を含むオール世代がターゲットで、どちらかと言えば昼型のファミリー利用に対応している。加えて店舗面積も、ドンキが300～1000坪に対してMEGAは1000～3000坪だ。

つまりドンキとMEGAの大きな違いとして「ターゲット層」と「店舗面積」の二つがあることがわかります。

ここで注目したいのは前者のターゲット層です。面積が大きいぶん、ヤング層だけではなく、ファミリー層にも対応した、いわゆる「ふつうのスーパー」のような側面も持っているのがMEGAの特徴です。前章で渋谷本店に触れたとき、地下一階がスーパーのようになっているという話をしましたが、この店舗もMEGA業態です。また、同じく第二章で紹介した港山下総本店も、スーパーでよく見られるような冷凍食品を格納する什器がずらりと並び、その周りに大量に貼られたポップやけばけばしい張り紙を見なければ、そこがドンキであることを忘れてしまいそうなぐらいです。

MEGAは国道沿線などの郊外やターミナル駅近くに建てられているのですが、ここからもわかるように、その周辺に住んでいるファミリー層の需要を見込んでいるわけです。注目すべきは、その数がどんどん増えていること。すでに全国に百店舗以上はありますが、その原動力は、二〇〇七年に「長崎屋」を買収したことにあります。長崎屋は、かつて日本に多くの店舗を持つ一大スーパーチェーンでしたが、ドンキに買収されてから、長崎屋を居抜く形で多くの店がMEGAに変わっています。もともと、郊外に多く立地しており、店舗面積が広かったこともあって、そのまま居抜けばMEGAのサイズになる店舗が多かったからです。

居抜き戦略の重要性については第四章で詳しくお話ししますが、とにかくこのようなカラクリで、ヤンキーやDQNに代表されるようなヤング層だけではない、ファミリー層をターゲットに据えたドンキが全国に増えているわけです。

しかも、ドンキ創業者の安田は『情熱商人』のなかで、MEGAについて興味深いことを述べています。安田は「過去の成功の延長に今後の成功はない」という信念のもと、「『従来型ドンキ』の役割は終わりかけている」というのです。その背景には、「ピュア・ドン・キホーテ」と呼ばれる従来型のドンキ業態が安定期に入ってきたことがあります。安定することが、逆に経営を危うくさせるのではないかと予想し、その状況を打開するための戦略として新業態であるMEGAの重要性を説いています。

こうした安田の発言を踏まえると、今後はMEGAのほうに経営の重点が置かれることが予想されます。執筆段階ではドンキの詳しい中長期経営計画はあきらかになっていませんが、ファミリー向けのMEGA業態が拡大していることからもわかるように「ドンキ＝ヤンキー・DQN」というイメージは事実としては過去のものとなり、むしろあらゆる人に開かれた業態へと変わりつつあるのです。いうなれば、都市や街のなかに溶け込んできたわけです。

町おこしに利用されるドンキ

そのことを顕著に表しているのが、ドンキが町おこしに利用されるようになってきたことでしょう。

その代表例として、二〇一一年に誕生した岐阜市の柳ヶ瀬《やながせ》店が挙げられます（二〇二〇年閉店）。柳ヶ瀬は岐阜駅前に広がる歓楽街で、かつては「柳ヶ瀬ブルース」という曲で歌われるぐらいの一大歓楽街でした。それが二〇〇〇年代に入ると衰退してしまい、中心市街地に人が集まらなくなってしまった。その打開策として、地元商工会が中心となってドンキを誘致したのです。これには、ドンキの創業者である安田隆夫が岐阜県出身であることも関係していたようですが、地元活性化のためにドンキを出店する、ということが起こっています。

また、MEGAドン・キホーテ甲府店（山梨県甲府市）も、地元からの誘致で出店が決まった場所です。「産経新聞」の記事（二〇一六年九月二十六日掲載）によれば、「閉鎖店舗の地主や、撤退による市街地の空洞化を嫌う地域住民などにとって、跡地に出店するドンキは引っ張りだこ」であるらしく、さまざまな地域で、町おこしの重要な要素としてドンキを誘致する動きが高まっているようです。

こうしたことからもドンキが町おこしに有用だ、という認識は高まっていることがわかります。かつて「ヤンキーのたまり場」として煙たがられることも多かったドンキは、現実にはかなりの変化を遂げてきているわけです。

もう一つだけ、興味深い例を示しておきましょう。

それが、日本随一のターミナル駅、新宿の名を冠したドンキ新宿店です。この店舗は、新大久保のコリアンタウンのすぐそば、職安通り沿いにあります。道路を挟んだ向かいには、日本有数の歓楽街・歌舞伎町が広がっています。安田の著書『安売り王一代』の説明によれば、ドンキがこの場所に生まれた一九九〇年代、歌舞伎町の裏手にあたるこの地域は相当薄暗く、治安が悪い場所だったといいます。チャイニーズマフィアもこのあたりを根城にしていたという話もあるぐらいで、創業者の安田は「新宿店の出店はリスキー」だと周囲から止められたエピソードも語っています。歌舞伎町が現在のような姿になったのは石原都政下の二〇〇四年から（一般に、歌舞伎町浄化作戦として知られる政策です）。それ以前には、この地域で商売を始めるというのは考えにくいことでした。

しかし、深夜営業という「鉱脈」を発見し、ナイトマーケットの拡大を狙っていた安田は断固として出店。もちろん、セキュリティー面にも相当のコストを払って営業を続けました。すると、なにが起こったか。逆にその周辺の治安がよくなったのです。なぜかといえば、二十四時間営業のため店のネオンがずっとついており、その周辺が明るくなったからです。さらにドンキ出店後に治安がよくなったことで、その裏手にある新大久保エリアに店を出す動きが活発になり始め、観光客向けのコリアンタウン化が進みました。いまでは原宿に代わる新たな若者の街とさえいわれる新大久保のコリアンタウン。この街は、ドンキの強気の出店が生み出したともいえるわけです。これも、偶然とはいえ「町おこし」をドンキが行った事例として数えていいでしょう。

このようなことからも、ヤンキーが集まって周辺の治安が悪くなる、というドンキのイメージは変わりつつあるといえます。

しかし、ここで私が注目したいのは、それでもなお(キュウソネコカミが歌うぐらいには)、ドンキがヤンキー・DQNと深く関係づけられていることです。

現実には、ヤンキーのたまり場だけではなく、むしろファミリー需要が高まってさえいるにもかかわらず、あるいは、町おこしにおける重要な役割を果たしてさえいるにもかかわらず、人々の間ではヤンキーのたまり場という印象が、いまだにある。この強いイメージの結びつきはなにを表しているのでしょうか。

本章は、この疑問をきっかけとして、ドンキと都市の関係に迫ってみたいと思っています。

地域共同体の姿としてのヤンキー

ドンキとヤンキー・DQNの結びつきは、実態としてはそこまで強くなく、むしろだんだんと弱まっている。つまり、現実とイメージの差がかなり生まれているわけです。ここで私が言いたいのは、「だから、ドンキとヤンキー・DQNを重ねて語ることはやめろ」ということではありません。むしろ、そのような現実があるにもかかわらず、どうして「ドンキといえばヤンキー・DQN」言説がこうまで強く人々の意識に根を下ろしているのか、その理由を考えてみたいのです。

ここで私が注目したいのが、社会学者の宮台真司が語るヤンキー論です。宮台は次のように言います。

ヤンキーは実は地域社会の最後の守り神だ。大人たちが町内会やPTAを作って地域的な共同性を培うとすると、ヤンキーたちは「俺たちゃそうじゃねえ」とばかりにもう一つのウラ共同体を作る。だから暴走族も女は十八歳、男は二十歳で卒業して、卒業後はダンプの運ちゃんやパートのねえちゃんになって、ほどなくヤンママ・ヤンパパになり、いずれは町内会のオジサン・オバサンになる。ヤンキーは町内会予備群なのだ。

（宮台真司「郊外化と近代の成熟」）

興味深いのは、ヤンキーという集団を、その地域の共同体における「最後の守り神」と書くことです。一見、ヤンキーというのは、地域の共同体（集まり）からは外れているように見えます。既存の地域共同体（宮台の言葉では「町内会」）を壊そうとしているかのように語られることも多く、一般的には「ヤンキーvs.地域共同体」という図式でイメージされがちです。

しかし、その実情を見てみると、むしろヤンキーという存在は、その地域のなかにいて、そこでまた異なる共同体（宮台は「ウラ共同体」と呼びます）を作っているのではないか。ヤンキーが仲間同士の絆《きずな》を大事にすることは、さまざまなマンガ・アニメで描かれてきました。このことからもわかるように、ヤンキーは共同体を崩壊させるのではなく、むしろ共同体を作る役割を持っているのです。その意味で、ヤンキーと地域共同体は、むしろ対立しておらず、共同体を作る、という意味では同じ方向を向いているのではないか。

この宮台のヤンキー論が現在でも有効であると感じられるのは、現代版のヤンキーともいえるマイルドヤンキーとの関わりです。マイルドヤンキーとは、マーケティングアナリストの原田曜平が作った言葉で、二〇一〇年代に現れた新しいタイプのヤンキーのことです。彼らは、かつてのヤンキーにあったような攻撃性、違法性が少なく、内向的で上昇志向が低いとされています。たとえば、都会に出てなにか成し遂げよう、という意識がかつてに比べると薄いというわけです。その代わりに、小中学校からの地元の友達と楽しくやっていければいい、という意識が強い。そうしたファミリー志向や地元志向が特徴的に見られるというのです。ここでも彼らは地元の共同体によって支えられている存在として描かれます。

ですから、宮台のヤンキー論と原田のマイルドヤンキー論は、世代的な違いや特徴の違いがありつつも、「ヤンキー」という言葉で、地域共同体に根付く存在として彼らを語っていることに大きな特徴があります。ちなみに、原田のマイルドヤンキー論（『ヤンキー経済』）でも、彼らが普段行く場所としてドンキが挙げられています。

そのような「地域性が強い」人たちとドンキとの結びつきが、イメージとしてここまで強く持たれるという背景には、やはりドンキが持っている「地域性」が色濃く反映されているのではないかと思うのです。

これは、第二章から繰り返している通り、ドンキが権限委譲というシステムによって、その地域のニーズを敏感に反映させ、多様な店舗を作り上げているということに理由があります。

以上のようなことを受けて、私は次のような仮説を立てました。

「ドンキは、地域共同体を壊すのではなく、共同体を作っているのではないか」

どういうことでしょうか。

「チェーンストアが地域共同体を壊す」という言葉はほんとうか

まずは仮説の前半部分から考えていきます。

ここで私が「ドンキが地域共同体を壊す」と言ったのは、一九九〇年代から「チェーンストアが地域共同体を壊す」という言葉が、さまざまなところで語られ始めたことと関係しています。「大きなスーパーができて、地元の商店街のお店がダメになっちゃったよ」という言葉はたびたび語られてきました。有名なものの一つに、三浦展《あつし》の『ファスト風土化する日本』という本があります。これは二〇〇〇年から雑誌「psiko《プシコ》」などで始まった連載を二〇〇四年にまとめた新書で、ベストセラーになりました。このなかでは、一九九〇年代以降国道沿いに増加したチェーンストア（チェーンストアが立ち並ぶ風景を三浦は「ファスト風土」と呼びます）、そして「チェーンストア」という仕組みの背後にある資本主義経済が、商店街に代表される昔ながらの地域共同体を破壊したことが述べられています。くわえて、そうした「ファスト風土」が犯罪率の上昇をもたらしたことなど、さまざまな観点から郊外化・チェーンストアの侵食を批判しています。

郊外化によってほんとうに犯罪率が増加したのかについては、データの実効性について批判の声が上がりました。しかし、ここで重要なのは、この本がベストセラーになったという事実です。つまり、確実にあるリアリティをもって三浦の言葉は当時の人に受け止められていた。それだけチェーンストアの進出、そしてその多くが進出の足掛かりにした「郊外」という場所が、日本人にとってなにか恐るべきものだという事実がそこにあったのではないでしょうか。

ドンキもまた、国道20号線沿いの府中という街に一号店を作っており、いわゆる郊外にその出自があります。その点で、この本で批判されているようなチェーンストア文化の代表例だということもできるわけです。

ただ、三浦が語るように、「郊外」という合言葉でチェーンストアを一緒くたにして語ってしまってもいいものなのかという疑問があります。そもそも「郊外」とは非常に多義的な言葉です。もともとは十九世紀後半から二十世紀前半に活躍したイギリスの社会改良家、エベネザー・ハワードが書いた『明日の田園都市』に登場する、中心市街地に対する緑豊かな居住エリアのことを示す言葉です。またそこから転じて田舎のような風景を指してなんとなく「郊外」と言う人も多いでしょう。『ファスト風土化する日本』では、おもにスーパーのチェーンストアであり、現在は日本全国に多くのショッピングモールを展開している「イオン」（当時は「ジャスコ」）が批判の槍玉《やりだま》に挙げられています。とはいえ、郊外にルーツを持つチェーンストアであっても、イオンが作るようなショッピングモール的な店舗とドンキでは、店の雰囲気や経営の仕方などは違うはずです。

そうであるならば、「チェーンストアが地域共同体を壊した」と「チェーンストア」を一括《ひとくく》りにするのではなく、そのなかにある違いを考えなければいけないのではないでしょうか。それは、多くのチェーンストアに囲まれ、もはやチェーンストアなしでの暮らしが成り立たなくなっている私たち自身の生活をとらえなおすことにもなるはずです。チェーンストアをなんらかの形で批判するにせよ、そのチェーンストアのことをよく考えなければ、その批判は内容を伴わない単なる「チェーンストア否定論」になってしまうのではないか。

では、イオンが展開を続けているイオンモールのようなショッピングモールとドンキはどのように違うのでしょうか。それらを考えることで「地域共同体を壊す」と言われて一緒くたにされがちな、チェーンストアに対する言説を検証していきます。

ショッピングモールとはなにか

三浦が語ったジャスコ・イオン的な郊外型ショッピングモールとドンキの違いを考えてみましょう。ジャスコはイオンという店名になり、現在、イオンはイオンモールなどを中心として、日本におけるショッピングモールの展開に大きな役割を果たしてきました。

じつは、社会学や都市論のなかで「ショッピングモール論」が二〇一〇年代から流行を見せています。二〇一一年には東 浩紀《あずまひろき》が編集長を務める雑誌「思想地図β」がショッピングモールを中心に取り上げ、その後ライターである速水健朗《はやみずけんろう》の『都市と消費とディズニーの夢』、そして広告代理店でトレンド・生活者研究を行う斉藤 徹《とおる》による『ショッピングモールの社会史』、東浩紀・大山顕《けん》『ショッピングモールから考える』などが出版されました。評論から本格的な研究書まで、ショッピングモールを語ることが都市論のなかで大きなブームになっているのです。

もちろん、これには理由があります。ある面積以上の店舗出店を規制してきた「大規模小売店舗における小売業の事業活動の調整に関する法律（大店法）」に代わる「大規模小売店舗立地法（大店立地法）」が二〇〇〇年に施行され、それ以降、巨大なショッピングモールや外資系の小売店が日本に数多く生まれました。ＩＫＥＡや、ショッピングモールなど多くの大規模な小売店が誕生することとなったのです。大店立地法に伴う都市景観の変化によって私たちの視界に多く入り込むようになってきた風景をどのようにとらえるのか、という問題意識でショッピングモール論のブームが起こったのではないでしょうか。あるいは施行から十年以上経過したことで、やっと本格的にそれらを分析する手筈《てはず》が整ったとも考えることができるでしょう。

ショッピングモールとドンキを比較する際に、まずはこれら二〇一〇年代に書かれたショッピングモール論の知見を尋ねてみたいと思います。すると気づくのが、ドンキとの類似点の多さです。

では、ドンキとショッピングモールのどんなところが似ているのでしょうか。その類似性について、以下のように分類してみました。

①　店内の回遊性
②　「体験」を重視する
③　店内の異空間演出

それぞれ詳しく見ていきましょう。

まずは①の、「店内の回遊性」。これは、目的の場所や商品まで一直線で行かせるのではなく、わざと遠回りしながら全体を歩き回らせるような設計をしていることです。歩く楽しみを買い物のなかに取り入れる工夫をしています。ウィンドーショッピング的な買い物の楽しさを取り入れているのです。

海外のショッピングモールの写真などを見ると、中心にある吹き抜けを軸として、その周りに蛇行した通路が通され、通路に沿うように膨大な数の店が並んでいることがわかります。通路も複雑に入り組んでいて、ただ必要なものを手に入れるためだけに買い物をするのではなく、そこに歩き回る楽しさが取り入れられていることもわかります。

これはドンキでも同じです。第二章で見てきた通り、ドンキの店舗の多くは入り組んでいます。その裏に、歩き回ることによって衝動買いのチャンスを増やし、利益向上につなげるという目的があるからでした。

つまり、ドンキとショッピングモールは、目的の場所や商品まで一直線で行かないという回遊性において似ています。

そして②の「『体験』を重視する」、というのは①の「回遊性」にもつながります。ショッピングモールは、モノをただ売るのではなくて、同時に「体験」を売ることも重視しています。ショッピングモールに入ると、南国の木々が植えられていたり、人工的な川が通されています。たとえば、福岡にあるキャナルシティ博多には「キャナル（＝運河）」という名前通り、巨大な運河があります。そうした擬似的な自然を眺めたり、あるいはウィンドーショッピングをしたりするなどといった体験そのものがショッピングモールにおいては重要視されています。

ドンキもまた、買い物という「体験」の楽しさを重視しています。ドンキ創業者の安田は、客が目的のものをただ買うだけのプアDS（貧弱なディスカウントストア）にはなるな、という意味のことを繰り返し著作で書いています。商品を買うことそのものの体験価値も含めた「楽しさ」を提供しなければ、スーパーのような業態に負けてしまうというのがその理由です。そのため、ドンキの内装は各地で異なります。地域の偉人に扮したドンペンがいたり、地域の名物と一体化したドンペンが私たちをお出迎えしてくれたりすることもあります。また、ドンペンのオブジェが大胆に店内中央に浮いていたり（札幌市のMEGAドン・キホーテ新川店）、店によっては観覧車があったり、ジェットコースターを取りつけようとさえしていました（道頓堀店と六本木店については第一章で触れました）。ここには、ドンキが持つ「体験」重視のスタンスがよく表れていると思います。これは、既存のスーパーに近い業態のMEGAでも同じであり、体験重視の姿勢は引き継がれています。

そして、ショッピングモールとドンキを考えるときに最も重要な類似点が③の「店内の異空間演出」です。

どちらも、日常とは異なる、いわば「非日常」の空間性を持っているのです。ドンキではそれが顕著だと思いますが、これはショッピングモールでも同様です。日常空間のなかに異質な「異空間」を作るために、ドンキやショッピングモールはその誘致にあたって、反対運動が起こることもしばしばありました。とくに序章でも書いたように五日市街道小金井公園店や東八三鷹店、環七方南町店では出店や深夜営業に対する反対運動が起きました。それには本章で話題にしているヤンキーたちが集まることにより、治安が悪くなるという懸念もあったでしょう。ヤンキーという「異質」な存在を呼び込む「異空間」としてのドンキ、という図式がその感情の下にはあると思います。

同時に、ショッピングモールでも出店反対運動が数多く起きたことは興味深い事実です。これは、ショッピングモールができることによって地元の商店街が弱体化していくことを懸念する反対運動が多かったようです。こちらも異空間によって日常空間が（経済的にも）侵食されていくという感情があったでしょう。

いずれにしても、ある段階までは、ショッピングモールもドンキも、都市のなかの鼻つまみもの的な存在でした。そしてそれは、両者が持つ「異空間性」によるところが大きいのだと思います。

しかし、ショッピングモールとドンキがどのように異空間演出を行っているかということにこそ、両者の違いがはっきりと表れるのです。

では、そこで見られる「異空間」はどのように違うのでしょうか。

「ユートピア」を目指すショッピングモールと「祭り」を目指すドンキ

結論からいうと、その違いはショッピングモールが「ユートピア（理想郷）」を目指しているのに対して、ドンキが「祭り」を目指していることです。それぞれ詳しく見ていきましょう。

東浩紀・大山顕『ショッピングモールから考える』では、ショッピングモールの起源が砂漠におけるオアシスにあったのではないか、という非常に魅力的な仮説が語られています。たとえばアメリカのように、長く続く国道に突然巨大なショッピングモールが現れたとします。そのなかに入ると、人間に気持ちのよい温度（モール性気候）がずっと保たれていて、美しい人工の川や植物が生い茂る空間が広がっています。これはまさに、砂漠におけるオアシスのようなものではないのか。ユートピアとは現実の社会には存在しない、人間にとって最も理想とされる場所のことです。イングランドの思想家トマス・モアが十六世紀に著書『ユートピア』で提唱しました。ユートピアは現実には存在しないとはいえ理想的な空間、人間にとって最も暮らしやすい空間を求めるユートピア願望のような感覚が、もしかすると現代のショッピングモールには投影されているのではないか、と推測されているのです。

もちろん、斉藤徹の『ショッピングモールの社会史』でも語られている通り、日本のショッピングモールはアメリカのショッピングモールとは異なる発展を遂げてきましたし、その特徴はさまざまです。しかし、それでもなお、日本で、ある時期以降に発達してきたショッピングモールの形である「リージョナル型ショッピングセンター」(広域を商圏とするショッピングセンターの形)がアメリカ型のショッピングモールの理想を多分に取り入れていることも踏まえると、そこにユートピア的なイメージが強いということは指摘できると思います。

ユートピアは「いまここにはない理想郷」ということで、日常の空間とはまったく異なる、まさに「異空間」です。その意味では、周りに存在する地域とはほとんどつながりを持たない、むしろ地域から「隔離」されることに一つの特徴があるといえるでしょう。

つまり、「隔離されたユートピアとしての異空間」がショッピングモールの一つの特徴を作り出しています。

では、ドンキにおける「異空間」とはなにか。それが「祭り」の空間です。ドンキ創業者の安田も明確に、ドンキの店内は「祭り」の空間を目指して作っていると言います。ドンキの一つの特徴が、深夜の時間帯も営業を行う「ナイトマーケット」需要の発掘にありましたが、祭りが行われるのも多くの場合、夜です。ドンキの店内にも、祭りのイメージが反映されています。ドンキの店内ではドンペンのオブジェが吊《つ》るされて回転していたり、お酒コーナーで屋台のような櫓《やぐら》が組まれていたり、さらには店内に宣伝チラシが多く吊るされています。これらは祭りの空間のような、猥雑でゴチャゴチャとした雰囲気を醸し出しています。このように、ドンキはその店舗空間に「祭り」のイメージを反映させているのですが、それはどのような役割を果たしているのでしょうか。

そもそも「祭り」は、地域共同体において、そのつながりを強固なものにし、地域の絆を深めるものであったことは多くの文化人類学者が指摘してきたところです。一方で、民俗学者である柳田《やなぎた》國《くに》男《お》が述べる「ハレ」と「ケ」の空間という区別からもわかるように、祭りは、地域のなかにありながらも、「ハレ」という異空間を作り上げるものです。その意味では、日常と非日常を融和させるような、特別な空間を祭りは作っていたといえるでしょう。それは、たとえば「お盆」に顕著なように、祭りの空間が、地域住民たち（生者）の交流であるとともに、亡くなってしまった先祖たち（死者）との交流であることも関係しています。私たち、生きている人間にとって、死者の世界は完全な異空間です。そのような異空間と融和させることができるのが、祭りが持つ本来的な意味合いなのです。

これに関連して、一冊の本を取り上げましょう。ライターの大石始《はじめ》が書いた『盆踊りの戦後史』です。この本は、日本における祭りを具体的な例とともに考えるときに重要です。ここでは「盆踊り」という祭りに欠かせない重要な要素を取り上げながら、日本の戦後の歴史のなかで盆踊りが、昔ながらの「ムラ」的な共同体のなかだけではなく、団地やニュータウンのような新しい居住地にも生まれたことが書かれています。つまりそれらは、比較的最近に作られた盆踊りなのです。

ここからわかることは、さまざまなものを融和させていく「祭り」的な空間は、いわゆる私たちがイメージするような「昔ながらの空間」だけではない、ということです。祭りは、古今東西を問わず、人が集まるところに作られていくものなのではないか。だとすれば、ドンキという空間にも祭りが発生してもおかしくはないと思います。

先ほど私は「ドンキは、地域共同体を壊すのではなく、作っているのではないか」という仮説を述べました。もし、さまざまなものを融和させ、地域共同体とのつながりを強める祭りの空間を、ドンキがあえてそのコンセプトに使っているならば、そこには地域共同体との連続性を保ちつつ、しかし地域とはまた異なった独特な空間が立ち上がっているのではないか。すでに見てきたように、ドンキは権限委譲によって、地域に密着した店舗を結果として生み出しています。その点では、地域性の高さがある。

つまり、ドンキという空間は「異空間」ではあるものの、ほかの場所から隔離されたユートピア的な異空間ではなく、地域と連続性を持った（地域と融和させる）祭り的な異空間なのではないか。そして、そこにショッピングモールとの違いが浮かび上がってくるのではないでしょうか。

その点で、ドンキが祭りをその異空間演出として選んでいることは非常に興味深いのです。

ショッピングモールの無機質な外観

いま私が問題提起した異空間のとらえかたの違いは、非常に重要なものだと考えています。というのも、ショッピングモールとドンキの対立軸でそれらを見ていくと、ドンキのさまざまな特徴を語ることができるからです。

イオン石和店（著者撮影）

前項では話がやや抽象的になってしまったので、ここからは、いくつかの切り口から、ショッピングモールとドンキの「隔離」と「融和」の問題を見ていきましょう。

一つ目に取り上げたいのが、外観です。

山梨にあるイオン石和《いさわ》店は外観が倉庫のようになっていて、完全に周りの景観と隔離しています。近年のイオンモールの外観は少しずつデザイン性が増したりしていて変わっているのですが、ここではとりあえず郊外型の大規模商業施設の代表例として見ていきたいと思います。

こうした無機質な外観からは、周辺の住民にその存在をアピールしなくても人々がやってくる、という算段を感じることもできるでしょう。このなかに「なんでも揃っているユートピア」が広がっているわけですが、ユートピアは外側から見ると非常に無機質です。

先ほど言及した東・大山の『ショッピングモールから考える』では、このようなショッピングモールの外観が、トマス・モアの提唱した「ユートピア」に似ていることが指摘されています。トマス・モアが提唱したユートピアは、周りを海に囲まれ、島自体が巨大な壁で覆われています。国道を海に、倉庫のような外観を壁にたとえれば、この二つはかなり似ていますね。

一方、第一章でもお話ししたように、ドンキの外観は、それが郊外型の店舗であったとしてもかなり派手なものが多い。MEGAであれば、ドンペンのマスコットが飾られている場合も多く、しかも外側からはっきり見える形で付いています。

ここには景観に対する両者の意識が、明確に表れています。どちらも、伝統的な景観を重視する人々からは嫌われがちな景観でしょう。しかしここで重要なのは、「その景観がよくない」と、ただ美醜で判断することではありません。そうではなく、イオンなどのショッピングモールが「内部」にしか興味がなく、外部になにも訴えかけない（＝外部から隔離されている）のに対して、ドンキは非常に個性的な方法で外部に訴えかけている（＝外部とのつながりを保っている）という対比が重要です。ここには、店舗の外側に広がっている空間をどれぐらい意識しているのか、という差があるような気がします。

これもまた、周囲から隔離されたユートピアを作ろうとするショッピングモールと、地域共同体と融和させる祭りの空間を作ろうとするドンキの違いとして指摘できるのではないでしょうか。

「締め切った入り口」と「あいまいな入り口」

外観だけでなく、入り口の違いも重要です。

多くのショッピングモールの入り口は、扉が二重になっていたり、大きな自動ドアであったり、外部と内部がはっきりと遮断されています。その理由として挙げられるのは先ほども述べた温度管理システムにあります。「モール性気候」と呼ばれていることからもわかる通り、ショッピングモールは季節や外気にかかわらず、常に人間にとって最も心地いい気温に維持されています。そのような気温を保つためには、ドアを完全に締め切らなければならない。まさに、ユートピアのような気温を作り出すために外部と内部とを隔離しようとしているのです。

一方、多くのドンキ、とくに都市部の店舗は入り口を開けっぱなしにしています。ちなみに、その入り口付近ではドンキ名物として語られることの多い「焼き芋」を販売しています。ここで使用されている芋の品種は「紅はるか」。さつまいものなかでもとくに甘いことで知られています（非常においしいので食べてみてください）。

私には、こんな経験がよくあります。街を歩いていて甘い香りがする。ふと周りを見渡すと、その近くにはドンキがあった。つまり、焼き芋の香りが街に漏れ出しているのです。このことからわかるように、ドンキは明確に店内と店外を分けていない。だからこそ、焼き芋の香りが街に漏れ出るわけです。その理由はおそらく、一人でも多くの客に立ち寄ってもらうことで利益を生み出したいからでしょう。

ここで興味深いのは、街に開かれた店舗のありかたは、八百屋や青果店などの「昔ながらの商店」に近いということです。しかも、それらの店舗は「チェーンストアによって壊された」と言われてきた地元商店街などでよく見られるタイプの業態です。しかしながらドンキはなぜかそうしたタイプの店に近づいている。ここでも、ドンキが地域共同体と近い関係を結んでいることがわかると思います。

周囲から隔離されたショッピングモールと地域共同体に開かれたドンキ、という図式は、入り口の面からも成り立つのです。

BGMとユートピア

隔離と融和の問題を考えるときに重要な要素がもう一つあります。それがBGMです。BGMの歴史を多角的に追ったジョゼフ・ランザの大著『エレベーター・ミュージック』では、アメリカの大手BGM配給企業「ミューザック」（日本でいえばUSENのようなものでしょう）がどのようにしてBGMを用いて理想の音空間をデザインしようとしたのか、その足跡が語られています。

音空間のユートピアを作ろうとしてきた歴史こそが、BGMの一つの歴史だと同書は語ります。そこから派生して、いわゆるムード音楽やイージーリスニングが生まれていくわけですが、それらの音楽はしばしばショッピングモールで流されていました。つまり、「音のユートピア」を志向して作られたBGMによって、ショッピングモールのユートピアも形づくられているといえるでしょう。ユートピアと音響について考えるとき、もう一つ示唆的なのがディズニーランドです。『エレベーター・ミュージック』では、ショッピングモールと同じように、ディズニーランドもその音響を厳密に操作することによって、魔法のような空間を作っていることが語られています。

ディズニーランドでは、各テーマランドをイメージしたそれぞれのBGMが作られており、それが絶対に混ざらないように徹底した音響の操作がなされています。創設者であるウォルト・ディズニーは幼いころに訪れた遊園地で、さまざまな雑音が混ざっていることに不快感を覚えたそうです。そのような幼いころの嫌な思い出を払拭するように、ディズニーランドでは徹底して管理された音空間を作り上げようとしました。徹底的に音空間を管理するためには音が混ざらないようにするために外部空間からの「隔離」が必要になってくるわけです。

ここからわかるのは、人間がいかに音響を操作（＝隔離）することによって「ユートピア」とされる空間を形成しようとしてきたのか、ということです。そして、ショッピングモールの空間もまた、その流れの延長線上にあるのです。

対して、ドンキの音空間はどうでしょうか。

ドンキの店内に入ってまず思うのは、ありとあらゆる音が混ざり合っている（融和！）ということです。そのなかには、ドンキのテーマソングである「ミラクルショッピング」もあれば、商品の宣伝画像が流れている小さいモニターからの音もあります。それから店内アナウンスも流れていますし、あるいは店内で売り込みをしている人間の肉声さえ入ってくることがあります。さらに、これまた一度聴いたら忘れられないテクノ調の「情熱価格のうた」「majica アプリのうた」など、幾多の音楽／音がドンキの店内には流れています。

くわえて重要なのは、一部の店舗では、ドンキのテーマソングが外部空間にまで流れ出ていく、ということです。先ほど見たように、都市部のドンキでは入り口が開いています。そのことによって外部空間に「ミラクルショッピング」が流れ出る。そのため、ドンキの入り口付近は、都市の雑踏とドンキの雑踏が融和することで、さらなる混沌《こんとん》とした音空間を作り出しています。そしてそれは、少年時代のウォルトが嫌ったような雑音空間そのままです。隔離された音のユートピアを目指したウォルト・ディズニーは、間違いなくドンキの空間を嫌うでしょう。

もちろん、ここで確認しなければならないのは、それぞれのドンキによってこの音空間にも差があるということです。繁華街に近いドンキではよりさまざまな音が聞こえてくるでしょうし、住宅街に近いドンキであれば、相対的にその音の数は少なくなっていくはずです。実際、ドンキ出店の反対運動の大きな理由として「騒音」が挙げられたことはこうしたドンキの音空間を顕著に表しています（さらに興味深いのは、その「騒音」の原因が、店内の音だけでなく、ドンキに向かおうとするヤンキーたちの車やバイクの音でもあったことです。ここでもドンキとヤンキーは結びつけられます）。そのような騒音問題に対処するために、住宅街のような、周囲が静かなドンキでは、周辺に漏れ出るドンキの音は少なくなっています。ここにも、ドンキが持つ地域性がある。それでもなお、ショッピングモールと比べたときに、こうした音響の混じり合いはドンキを特徴づける一つの重要なポイントになるのではないでしょうか。

「呼び込み君」が私たちに伝えてくれているもの

くわえて、ドンキの音空間で重要な要素の一つが「呼び込み君」です。名前で聞くとわからないかもしれませんが、これは、スーパーなどで「ポポーポ　ポポポ　ポポーポ　ポポポ　ポポポポー　ポポーポポ」という軽快なメロディの呼び込み音を流す機械のことです。どこかの店で一度は聞いたことがあるのではないでしょうか。

インターネットサイト「デイリーポータルZ」は、この呼び込み君の制作会社にインタビューする記事を掲載しています。そのなかに次のようなくだりがあります。

デイリーポータルZの編集会議で「まずはこちらをお聞きください」とイントロクイズみたいな前振りで曲を流したところ、出席者全員が「あー！」と声を挙げ、「スーパーで流れてる」「ドンキにあるよね」「焼き芋の売り場で聞いた」と目撃証言（耳だけど）が割れた。そんなにあちこち置いてあるの？

（井上マサキ「スーパーでよく聞く『♪ポポポポポ〜』を流す機械を作った会社」）

ここでは、この呼び込み君の代名詞として「スーパー」「ドンキ」「(ドンキの)焼き芋の売り場」が列挙されています。呼び込み君とドンキの親和性の高さがわかるのではないかと思います。

この呼び込み君も、ドンキの混ざりゆく音空間のなかに入り込んでいます。でも、呼び込み君とドンキが持っている結びつきもまた、決して偶然のものではないと私は考えています。そのヒントが、呼び込み君の設計にあります。

それは、呼び込み君に搭載された「人感知センサー」です。呼び込み君、ずっとあの曲を流しているようにも感じますが、じつはそうではなく、人間が呼び込み君の近くを通ったときに作動するような設定にもできるのです。

これはなにを表しているでしょうか。

呼び込み君の音がずっと流れているということは、そこに人がいる、あるいはいたということなのです。つまり、私たちは呼び込み君を介して、ドンキで他人の存在を知らず知らずのうちに体感していたのです。呼び込み君は、私たちに「この空間にいるのは一人ではない」と密かに伝えているのです。呼び込み君を介して私たちは、チェーンストアという空間が、そこに訪れるさまざまな人たちによって構成されていることを無意識に感じています。そんな呼び込み君とドンキが強い関係を持っていることは、ドンキと「地域共同体」の関係が深いことを、また別の側面から表しているのではないでしょうか。

地域共同体のなかに生まれる新しい共同体

ここで話は、この章冒頭の「ドンキとヤンキー・DQNのつながり」に戻っていきます。ヤンキーの特徴として、その地域共同体とのつながりの強さを最初に提示しました。ヤンキーは地域にいながらも、既存の地域共同体とは異なる共同体を作り出す存在だと、宮台真司は語りました。この特徴は、地域のなかにいながらも地域とは異なる共同体（＝祭り）の空間を作り出すドンキの特徴と非常に類似しています。

だとすれば、やはりヤンキーとドンキが強いつながりをもって語られる背景には、ドンキが地域共同体と「融和」しつつ、しかし「異空間」を作る、というスタンスが、ヤンキーのありかたと似ている部分があるからなのではないでしょうか。ヤンキーは地域のなかで、地域に溶け込みつつ、しかし地域の人々とは少し異なるグループを作ります。そこには、地域共同体との「つかず、離れず」の絶妙な関係性があるわけです。そして、それは同時に、ドンキのスタンスにも言えるのではないか。補足しておくならば、ヤンキーたちがよく出没するのもまた、祭りの空間であり、祭りの空間を擬似的に作っているのもドンキなのです。

だからこそ、ドンキはヤンキー・DQNと結びつけられ、各店舗が目指す空間は地域との強いつながりがある祭りを目指している。つまり、ドンキは「ヤンキー・DQN」や祭りといった要素と結びつきながら、新しい地域共同体を作ろうとしているのです。

ただし、ここで指摘しておかなければならないのは、とはいえドンキがこのように地域共同体を作っているのは結果論でしかないということです。あくまでもドンキは企業ですから、そこで目指されているのは利益です。その利益を追い求めていった結果、なぜか地域共同体を作り出しているような状況になっている。これはチェーンストアが利益を追い求めた結果、地域の商店街を壊した、という言説と異なる事態です。ドンキもショッピングモールも両方、一つの企業として利益を追い求めていたにもかかわらず、結果としてその二つが行う店作りのスタンスはまったく異なるものになっている。ショッピングモールは建てられた土地とはまったく別の空間を作り出すことで儲けを出していこうとしましたが、ドンキは地域に根ざして儲けを出そうとしています。

こうして見ていくと、ますますドンキというチェーンストアが地域共同体と強い関係にあると言えそうです。一括りに「チェーンストアは地域共同体を壊す」と言ってしまうことの解像度の荒さが、だんだんとおわかりいただけてきたのではないでしょうか。

第四章　ドンキから見える日本のいま

チェーンストアは歴史を壊すのか？

ここまで、ドンキの外装や内装、ヤンキーとの関わりを見てきました。そうして、どのドンキも同じ光景が広がっていて地域から嫌われている、というドンキのイメージを疑ってみました。その外装や内装をじっくり見ていくと、じつはドンキは多様であり、日本の生活や共同体のありかたに適合しているのではないか。このことがおわかりいただけているのではないでしょうか。

第四章ではさらに話題を発展させ、歴史のなかでドンキがどのような位置づけを持っているのか、という話をします。少し大袈裟《おおげさ》に聞こえるかもしれません。しかし、ドンキと歴史、というテーマはチェーンストアと日本の都市を考えるうえで重要な意味を持っているのではないか、と私は考えています。

ここまで都市論や景観論の知見も交えながらドンキの話をしてきましたが、都市論や景観論では「景観保全」が大きな問題として登場します。昔ながらの景観を保全するために看板や建物の規制をしたりするなど、伝統的な景観保全が各地の観光地や住宅街で行われています。このような規制の背景にあるのは、伝統的な景観に埋め込まれた「歴史」を守ろうという考えでしょう。

そう考えると、ドンキをはじめとするチェーンストアは、こうした伝統的な景観を保全するどころか、壊しているといってよいかもしれません。事実、そのような観点から多くの論者がチェーンストアにあふれた統一感のない街並みを批判しています。つまり、チェーンストアは歴史を残さない。いくらそこに歴史的な建物があったとしても、それを壊して、全国どこでも同じような景観を生み出している。これは、あきらかに「歴史の消去」でしょう。

しかし、この本がここまで行ってきたのは、ドンキをはじめとするチェーンストアで、いまだに語られることのなかった側面をあえて取り上げることです。つまり、「チェーンストアは歴史を壊す」という言葉はほんとうなのか。それを、ドンキを例に考えてみたいのです。

そのときに注目したいのが、ドンキの重要な戦略の一つである「居抜き」です。この「居抜き」に注目することによって、「ドンキは歴史を壊すだけなのか」ということを考えてみたいと思います。

居抜き戦略とはなにか

さて、ここで居抜き戦略の重要性を自覚するまでのドンキを追うために、改めてドンキが創業以来たどってきた道のりを整理しましょう。ドンキは一九八九年、国道20号線沿いの府中市に第一号店を出店しました。最初の四～五年は、経営戦略を練りながら試行錯誤の時期が続きました。その末に権限委譲、つまり、店の経営方針や商品の種類・陳列方法の決定権を大幅に各店舗の店長に委ねる方法を思いつきました。この、権限委譲が誕生してから、ドンキの躍進が始まります。それが一九九〇年代の後半から二〇〇〇年代の前半にかけての時期です。ドンキは二〇二一年現在、三十二期連続増収という、小売業界としては異例の記録を成し遂げていますが、この一つの原動力として、間違いなく権限委譲のシステムを挙げることができるでしょう。

しかし、ドンキの経営が躍進し続ける理由はそれだけではない、と私は考えています。もう一つの大きな要因として挙げられるのが、居抜き戦略です。「居抜き」とはなにか。一般的な定義としては、もともとそこにあった店舗の建物を壊さず、店の什器や機材をそのまま流用することです。焼肉屋が潰れてしまったあとも、そこが焼肉屋になることがよくありますが、これは居抜き物件の代表的なものでしょう。排煙ダクトや鉄板をそのまま使うというわけです。

居抜き出店のメリットはなんでしょう。それは店の什器や機材をわざわざ新調しなくてもよいため、出店費用を安くできることにあります。ドンキは居抜き出店を戦略的に行うことで、大量に、安いコストで店舗を増やし続けているのです。

都市商業研究所という研究団体が、ドンキの居抜き店舗について非常に細かいレポートを報告しています（「『ドン・キホーテ』、居抜き出店戦略の結果生まれるさまざまな外観」）。これによれば、ドンキの急成長の大きな鍵となっているのが、ほかならぬこの居抜き出店だといいます。このレポートによれば、「『居抜き出店』とは、他の店舗が撤退した建物跡にそのまま店を構えること。店舗によっては照明、昇降機（引用者註：エレベーター）などの内装設備や一部の什器をそのまま活用するため、建物を新築するよりも安い費用で店舗を拡大できるメリットがあり、雨後のタケノコのように店舗網を拡大させているドンキの『お家芸』ともいえる」とあります。

ドンキにとって「居抜き」が重要な戦略になっていることがわかります。

ドンキの居抜き出店について興味深く感じるのは、ドンキが、ほかの業態やチェーンストアだったら居抜けないような物件まで「居抜く」こと。それによって、かつてそこに存在していた物件の歴史や、その物件がある土地の歴史を、意図せず残しているのではないか。ドンキは「低コストで出店できる」という経済的な合理性によって居抜き戦略を行っているのですが、結果的にそれが、かつてその場所にあった物件や土地の記憶を残してしまうのです。

少し、話が飛躍してしまったかもしれません。

まずは、ドンキの居抜き店舗の具体例をじっくり眺めることによって、いま私が述べてきたことを検証していきましょう。

「居抜き」が生み出す多様性

ここでは、ドンキの居抜き物件を①ほかの小売店、②異業種店舗、③アミューズメント系に分けて見ていきたいと思います。

①　ほかの小売店

今回、改めてドンキの居抜き物件を調べて感じたのは、日本にかつて存在していた小売店の多くが、ドンキに変貌しているということです。一九九〇年代以降、経営不振になった小売店の建物の多くがそのままドンキに変わっているので相当な数です。前述の都市商業研究所のレポートは、そうしたドンキについても細かく調査しており、「居抜きドンキ」がもともとどんな店だったのかについて書いています。しかし、それでもまだカバーしきれないぐらい多くの小売店がドンキに居抜かれています。一例を挙げるだけでも、スーパーマーケットでは「ダイエー」「長崎屋」「ユニー」「イトーヨーカドー」が、家電量販店では「ヤマダデンキ」「さくらや」などもドンキに変わっている。

これだけでも、ドンキがいかに「居抜き」を軸にして出店戦略を行っているかがわかるでしょう。

巨大小売り店をそのまま居抜いたドンキとして、元はダイエー立川店だったMEGAドンキ立川店を見てみましょう。第一章でも触れた通り、立川店を見ると、看板に大きなドンペンが張りつけられていることがわかりますが、そのドンペンを取り除くと、見た目はほとんどダイエー立川店のままであることがわかります。

店内も同様です。一階の食料品コーナーの見た目は、ふつうのダイエーと変わりません。スーパーでよく見るような冷凍食品を陳列するための什器類が、ほぼそのまま居抜かれて使われているので、ほとんどスーパーのようになっている。

小売り店で居抜かれた店舗として他に注目すべきは、長崎屋でしょう。前述のように、長崎屋はドンキに買収され、現在、その多くが居抜きでMEGAドンキに変わっています。

長崎屋を居抜いたMEGAドンキの増殖によって、スーパーのようなドンキは増え続けています。第二章でも、スーパーのようなドンキを取り上げましたが、そうしたスーパー型ドンキの誕生に一役買っているのも、この居抜き戦略です。

ドンキが居抜くのは、このような大規模な小売店だけではありません。ローカルチェーンや地元の百貨店も居抜いています。たとえば、北海道のローカルチェーン「そうご電器」。この家電チェーンは経営が悪化していた二〇〇一年にドンキと業務提携を行い、二〇〇二年に経営破綻してから、その店舗の多くがドンキに変貌しました。北海道にはドンキが十五店舗（二〇二一年十二月現在）ありますが、そのうちの手稲《ていね》店（札幌市手稲区）、平岡店（札幌市清田区）などがそうご電器の建物を利用しています。平岡店などを訪れると、かつて家電量販店だった名残りなのか、家電のラインナップも多いような気がします。ドンキはそのほかにも第一家庭電器などと業務提携し、そのうちのいくつかの店舗をドンキやピカソに変えています。

また、地元の百貨店でいえば、東京の大森にそびえたつMEGAドン・キホーテ大森山王《さんのう》店（東京都大田区）がいい例でしょう。これは東京・大森の地元百貨店「ダイシン百貨店」を居抜いたドンキです。じつはこのドンキ、都内最大の売場面積と最高の売り上げを誇るドンキなのです（店の入り口に堂々と掲げてあります。もっとも、データは二〇二〇年三月のものだとも書いてありますが）。なかに入ってみると、非常に広大で、ありとあらゆるものを売っている。特筆すべきは食品売り場。かつての百貨店の生鮮食品売り場の名残りでしょうか、食料品コーナーが完全にスーパーのようになっています。

また、一階にはクレープやタピオカを売っている「ハッピークレープ」などがあり、二階にはドンペンがたくさん飾ってあるゲームコーナーもあります。さながらショッピングモールのようになっているのです。百貨店であったというバックボーンを活かして、老若男女さまざまな人が使えるような工夫がなされています。

② 異業種店舗

ドンキが居抜くのは、小売店だけではありません。小売店舗以外のあらゆる種類の店舗を貪欲に居抜いていきます。その例が、銀行やパチンコ店、ボウリング場などです。

銀行居抜きドンキとして有名な店舗が、ドンキの総本店的な存在の一つといってもよい新宿歌舞伎町店です。日本有数の歓楽街・歌舞伎町の入り口に鎮座する新宿歌舞伎町店。もともとこの場所は大和《だいわ》銀行という大きな銀行でした。新宿歌舞伎町店に行く機会があれば、一階部分の床に注目してみてください。ドンキには似つかわしくなく、石づくりの立派な床が張られています。真偽は不明ですが、この床はかつての銀行の名残りではないでしょうか。また、東京足立区にある西新井駅前店や、早稲田大学の近くにある新宿区の高田馬場駅前店も銀行を居抜いた店舗の一つです。

くわえて、現在、MEGAドンキ渋谷本店として移転をした、かつてのドンキ渋谷店はもともとパチンコ店でした。パチンコ店がドンキになる例も多いといいます。また、新宿駅南口から歩いてすぐの場所にある新宿東南口店は、かつてパチンコ店だったビルにドンキが入り、同じビルのなかにパチンコ店とドンキが同居しています。このような同居型のドンキも珍しくはありません。

では、なぜパチンコ店なのか。パチンコ店はその多くが、駅前など好立地にあります。したがって、ドンキにとっても好都合なのです。また、パチンコ店と同居した店舗を作ることについてですが、騒音などのトラブルにより、パチンコ店の近くに建物を作ることはあまり望まれない傾向にあります。実際、パチンコ店出店をめぐっては多くのトラブルが起きています。しかし、第三章で歌舞伎町の裏手にあるドンキ新宿店について話した通り、ドンキの一つの特徴は、他店があまり出店しない土地でも臆せず出店を進めることにあります。ドンキの出店は、不動産ブローカーや地上げ屋との対立・勝負などを物おじせず行う側面があるのです。実現はしませんでしたが、さまざまな疑惑が渦巻いていた朝鮮総連中央本部ビル（東京都千代田区）の土地の購入も検討していたそうです（「週刊東洋経済」二〇一九年三月三十日号）。そのような土地でも強気に出店する姿勢が、パチンコ店の近く、あるいはパチンコ店と同居する建物など、誰も手をつけないところにがんがん出店を進めさせるのです。これも、逆張り商法の一つだとは思いますが、出店を進めてうまくいけばいいし、うまくいかなければすぐに手を引く。

そうしたドンキの特徴が最もうまく活かせるのもこうした居抜き出店なのです。

③　異色の居抜き物件

さて、ドンキの居抜き店舗の多くはいま紹介してきたような、①ほかの小売店店舗や、②異業種店舗ですが、なかには「こんな物件まで!?」と思うような物件を居抜いている店舗もあります。ここでは、そんな異色の店舗も紹介しておきましょう。

まずは、那覇市の国際通りにあるドンキ国際通り店です。

このドンキ、なんと建物を設計したのは、世界的建築家、安藤忠雄。ここは、もともと「フ

ドン・キホーテ国際通り店（提供：建築パース.com）

エスティバル」という商業施設のビルでしたが、それが「那覇ＯＰＡ」というファッションビルに変わり、最終的にドンキに変わったというものです。商業空間として建築された建物ですから、基本的にはすべて小売店が入っています。

　建物の特徴としては、沖縄の代表的なデザインの一つである花ブロックを多用したモダニズム調の外観が大きく目を引きます。また、店内中央部の吹き抜けは非常に特徴的な空間になっており、階段部のちょっとした造形などもたいへん凝って作られていることがわかります。意表を突くような位置に階段を配置することなど、建築としてのおもしろさがよく表れていると思います。さらに屋上庭園には巨大なガジュマルの木があり、自然を意識した作りも特徴です。

建物内部に入ってくる光もそうでしょう。自然光が心地よく入ってくるように計算された建物は、安藤忠雄の「光の教会」なども彷彿《ほうふつ》とさせます。

ただ、こうした建築が商業空間に適しているのかについては、一考の余地があるでしょう。ドンキは安藤が作った階段をエスカレーターにしたり、意匠を凝らしたであろう花ブロックの隙間に商品を埋めたりしています。つまり、モダニズム建築がもたらした「デザイン」が、非常に機能的・実利的な用途で使われているのです。私はこの安藤忠雄のドンキを見ると、安藤が目指したようなモダニズム建築の「美学」を、ドンキが小売店として形づくる機能性と実用性が制圧してしまったかのように見えてしまうのです。

そもそも、安藤の建築はその初期作品から、使用者に対して負荷をかけるものが多いことが特徴です。彼の建築といえば、初期の作品である「住吉の長屋」が大変に有名です。これは大阪の民家なのですが、なんと中央部分に屋根がなく、居住者は傘を指してトイレに行かなければならないという物件。安藤建築が持つ「ストイックさ」（ちなみに安藤は元プロボクサーです）がよく表れていますし、現在の居住者は「その不便さを楽しんでいる」と述べているそうですが、冷静に考えれば、現代にそのような不便さを喜んで楽しめる人はなかなかいないでしょう。そのような「思想」にかかわらず、人はより「楽」で使いやすいものを現実には好んで選んでしまうし、階段よりもエスカレーターを使いたい。そう考えたときに、安藤が目指すような「思想」性が高い建築が、最終的にドンキのようなユーザーの使いやすさを目指した空間に置き換えられることは「モダニズム建築の敗北」を表しているようにも思えます。

しかし、モダニズム建築ももともとは、人間がより人間らしい生活をするために作られたものです。モダニズム建築で最も有名な一人といってもよいル・コルビュジエなども、人間がより人間らしい暮らしを送ることができるためにこそ、建築は存在すべきだと述べています。しかし、そのような「思想」に先行されて作られてきた空間ではなく、資本主義的な「儲けたい」という欲望に先行されて生み出されたドンキのほうが、最終的に「使いやすさ」においてまさっている。資本主義が生み出してしまう建築空間が結果的に人のためになってしまっているという事実は、現代的な建築の問題を突きつけているのではないか。このようなねじれた形で、ドンキはモダニズム建築の歴史を感じさせるのです。

異色の居抜き物件はまだまだあります。

次に紹介するのは、北海道の苫小牧《とまこまい》市にあるＭＥＧＡドン・キホーテ苫小牧店です。この店舗はもともと長崎屋の子会社が運営する「ファンタジードーム」というテーマパークだったのです。

ドンキが長崎屋を買収してその多くをＭＥＧＡドンキに変えたことは述べてきた通りですが、それに伴って、長崎屋が所有していたファンタジードームもドンキの手に渡りました。ファンタジードームは一九九〇年、「全天候型アミューズメントパーク」として開園したテーマパークで、建設費六十億円、床面積一万四千平方メートルという巨大なプロジェクトでした。建物内にはジェットコースターやメリーゴーラウンドなど、たくさんの乗り物が設置され、「ファンタジー」の名前通り、豊かな空間が広がっていたようです。ペデストリアンデッキで駅と直結していたため行きやすく、苫小牧市民に愛されていた娯楽施設でした。しかし、バブル崩壊や、経営母体である長崎屋の弱体化を背景に経営が悪化し、一九九七年に閉園。その後は長崎屋が入って、最終的にはＭＥＧＡドンキへと変わりました。

ファンタジードームは、骨組みが大胆に見えるドームが代名詞の施設であり、そのなかに多くのアトラクションが存在していました。

現在その空間は三つのフロアに分かれており、骨組み部分が見える最上階は広々としたバッティングセンターとなっています。バッティングセンターの前に立って上の鉄骨を見上げると、往時のテーマパークがしのばれます。

ファンタジードームが誕生した一九九〇年代前後、日本全国に数多くのテーマパークが誕生

MEGAドン・キホーテ苫小牧店
鉄骨がむき出しになっているのはファンタジードームの名残り（著者撮影）

しました。それらの多くはバブル経済の盛り上がりとともに現れましたが、バブルの崩壊とともに経営が悪化。ほとんどが一九九〇年代後半から二〇〇〇年代にかけて閉園していきます。この時期に誕生して現在まで残っているテーマパークは、数えるほどでしょう。ある意味ではバブル景気のあだ花のように誕生し、儚《はかな》く消えていった施設の一つに、このファンタジードームも数えることができるのでしょうが、苫小牧店が伝えるのは、そうした日本のテーマパーク史のある側面なのです。

私が苫小牧店を訪れたときに印象に残ったのは、店舗から外に出たときのこと。周りには工場が広がっており、広大な大地が広がる風景と、ドンキの雑多な空間との対比が鮮明でした。い

MEGAドン・キホーテ苫小牧店（著者撮影）

うなれば、広大な大地の真ん中に突然、ドンキという異世界が現れたような気がするのです。これは、かつてのファンタジードームでも同様だったでしょう。ドームのなかに一歩入ればまさに「ファンタジー」の空間が広がっている。そこで、多くの苫小牧市民が楽しんでいたのではないか。苫小牧店から出た瞬間に感じた広い大地は、逆に私に、ファンタジードームのかつての姿を思い起こさせたのでした。

さて、先述の都市商業研究所のレポートが『イロモノ』居抜き物件の頂点に立つ」と評するドンキが、山梨県・石和温泉にありました。一九五〇年代に源泉が発掘され、レジャーブームや団体旅行ブームの波に乗って人気観光地となった石和温泉。石和温泉駅から国道沿いを歩

閉店したドン・キホーテいさわ店（著者撮影）

いてみると、突然モスクのような巨大な建物が目に入ります。

　これが、ドンキいさわ店です。お城のような、なんともいえない形状をしているわけですが、このドンキ、じつはかつて「秘宝館」だったのです。そういってもピンと来ないかたもいるでしょう。秘宝館とは、性にまつわる展示やアトラクションが陳列された「性のテーマパーク」です。一九七二年、三重県に「元祖国際秘宝館伊勢館」が誕生し、温泉地を中心として各地に広がりました。そんななか、山梨にもいくつかの秘宝館が誕生し、そのうちの一つ、元祖国際秘宝館甲府石和館がドンキに居抜かれたのです。

　商品が陳列してあるところはふつうのドンキと変わりませんが、階段が複雑に張りめぐらされていたり、フロア構成がかなり入り組んでいたりすることがわかります。これも、秘宝館であった名残りでしょうか。また、一般客が立ち入れないようになっているエリアは、洞窟のような内装がそのまま残されており、往時の建物を想像させます。

いずれにしても、かつての秘宝館に老若男女さまざまな人が入っている風景は不思議でもあり、なんだかおかしい気分にもなってきます。

元祖国際秘宝館甲府石和館は、一九八一年に開館しています。時代は団体旅行ブームの真《ま》っ只《ただ》なか。しかし、秘宝館自体の誘引力が下がってしまったこともあり、わずか五年後の一九八六年に閉館しました。そのほかの秘宝館を見ても、一九七〇年代〜一九八〇年代に誕生し、二〇〇〇年代にかけてそのほとんどが閉館しています（現在、秘宝館として営業しているのは「熱海秘宝館」をはじめとして全国で数館程度です）。石和の秘宝館もその例に洩《も》れなかったわけです。観光ブームやバブルの歴史が秘宝館にも表れているわけですが、そうした時代の名残りが、その奇抜な外観とともに残されているわけです（秘宝館については妙木忍『秘宝館という文化装置』を参照）。

写真家で編集者の都築《つづき》響一は、秘宝館の展示物を買い集め、それを美術館などでインスタレーションとして展示する活動を行っています。秘宝館は俗悪な施設だと思われがちですし、そうであるからこそ急激にその館数を減らしてきました。しかし都築は、秘宝館を日本の一つの文化としてとらえ、それもまた世界に誇るべき文化なのではないか、という問いを投げかけます。秘宝館文化は日本の歴史や文化を考えるうえで重要な要素になりうることを考えさせてくれますが、そのような歴史の一つが、外観だけとはいえ残っている、というところに、ドンキが日本の「かつてあった」歴史を残してしまっている側面を垣間見ることができるのではないかと思うのです。

「居抜き」から日本の歴史に想いを馳せてみる

さて、ここまでドンキが居抜くさまざまな物件を見てきました。強く感じるのは、ドンキが、かつての物件を居抜くことによって、そこに存在していた日本の歴史に、私たちが想いを馳せる回路を開いてくれることです。大規模スーパーがＭＥＧＡドンキになっていく過程では、高度経済成長期に躍進を遂げた巨大スーパーの栄枯盛衰を見ることができます。あるいは、銀行もまた、日本経済のなかで変化が激しかった業種の一つですが、その変化のなかで再編によって閉鎖した銀行をドンキが居抜いている。ドンキは、そうした日本の歴史のなかで、振るい落とされてしまったものをうまく利用することでその店舗を広げてきました。

それはイロモノ居抜き物件でも同様でしょう。テーマパークしかり、秘宝館しかり、歴史の流れのなかでいつしか忘れ去られていった存在です。令和の現在、テーマパークや秘宝館の多くが、解体されています。とくにテーマパークの跡地は、巨大廃墟《はいきよ》になって不法侵入が相次いでいることもあり、解体が急がれています。そんななかで、形だけとはいえ、そのような建物が残っている（あるいは残ってしまっている）ことは、そうした歴史へのアクセスを（非常にねじれた形で）可能にしているのではないでしょうか。

しかし、指摘しなければならないのは、そうしたドンキの居抜き出店は、それが「歴史保全」の名目で行われているわけではないということです。あまりにも当然すぎて、指摘するまでもないかもしれませんが、そのことは強調しておきたいと思います。

たとえば、居抜き物件の頂点としてご紹介した「秘宝館ドンキ」ことドンキいさわ店は、二〇二一年六月二十日に閉店しました。近隣にドンキの新しい居抜き店舗MEGAドン・キホーテUNY石和店ができたためです。いわば、居抜き物件から居抜き物件への移転なわけですが、このようにしてユニークな居抜き物件も経営判断のもとでなくなっていく可能性があります。

居抜きは、あくまでも低コストでの出店を可能にするドンキの「戦略」の一つです。つまり、それは「儲かる」からやっている。「儲けたい」という欲望が、こうした歴史保全に結果的につながっているのです。

なぜ居抜くことができるのか

さて、ここまでドンキの居抜き戦略の実例を通して、その特徴を見てきました。

では、なぜドンキはこれほど多くの物件を居抜くことができるのでしょうか。その一つには、ドンキ自体が「回遊性」を意識した店舗設計を行っていることがあるでしょう。たとえ秘宝館のように店舗構造が入り組んでいる物件でも、その複雑な構造を活かして店舗作りができるのです。通常のドンキでも、歩いているとどこにも通じていない謎の階段があったり、不必要なほど多くの階段があったりする店舗を見かけます。こうした構造は屋内型のテーマパークならばあり得る構造でしょうし、テーマパークであれば、そこに娯楽性を取り入れているのだと思います。しかし、この形は、そのままスーパーにするにはどうしても活かしにくい。商品を大量に陳列するにはあまりにも不合理だからです。したがって、ふつうのスーパーであればこうしたフロア構成が複雑な建築は居抜くことができません。建物ごと取り壊して、陳列がしやすいスペースを持ったスーパーを新しく作ることになるのだと思います。

しかし、ドンキはそうしたフロア構成でも、それを逆手に取って、ドンキが掲げる「宝探し」の一つとしてうまく活かすことができます。第二章で言及した通り、商品をあらゆるところに配置することによって、逆に、商品を見つける楽しさを提供するという業態モデルです。だからこそ、ドンキはそうした物件でも居抜けるわけです。

また、MEGA業態の躍進に伴って、スーパーのような売り場のあるドンキも多く登場してきました。一般にイメージされるような「ゴチャゴチャした」だけのドンキではないドンキが生まれているということです。だからこそ、スーパーの物件さえ居抜くことができる。

ドンキが持っている「不定形」な性質、つまり地域によってさまざまな形になりうる業態の特性が、このような多様な「居抜き」を可能にしているわけです。ドンキは決まりきった店舗のパターンを持っていないからこそ、逆にどんな店舗にでもなりうるのです。その性質こそ、ドンキの居抜き戦略を可能にし、ドンキ自体の躍進の原動力となっています。

「居抜き」から「イヌキ」へ

さて、ここから議論を少しアクロバティックに展開してみましょう。私はこの章でドンキの居抜き戦略の重要性を語ろうとしているのでした。ここまではドンキのさまざまな居抜き物件を見ながら、それが戦後日本の歴史のある断面を残している（残してしまっている）ことを検証してきました。それは、「居抜き」という行為がもともとあった建物を活かすことによって、かつて存在していた建物を形のうえでは残すからです。

しかし、ここで私は、このような通常の「居抜き」の意味を少し広げて、「歴史から無意識に影響を受けて店作りを行うこと」を「イヌキ」と名づけてみたいと思います（これからこの意味で「居抜き」を使うときは、このカタカナ表記を使います）。

「イヌキ」は私の造語ですので、具体例を挙げながら説明していきましょう。

その例として紹介したいのが、ドンキ浅草店です。

この店舗については、すでに第一章でその外観が浅草六区の景観に馴染むような独特のものになっていることをお話ししました。ここではドンキ浅草店に見られる「イヌキ」をご紹介していきましょう。

浅草六区は、かつて映画館や芝居小屋、寄席《よせ》などが集まる一大歓楽街でした。金龍山《きんりゅうざん》浅草寺の参拝ついでに多くの人が立ち寄った奥山地区という場所から、いくつかの見世物小屋が移転したことで形成されました。現在でも、往時をしのばせるような芝居小屋や寄席、ストリップ劇場が立ち並んでいますが、そのど真ん中にドンキ浅草店は存在します。

じつは、ドンキ浅草店がある場所にはかつて、「大勝館」という映画館がありました。国立映画アーカイブのウェブサイトでは、往時の大勝館の写真を見ることもできます。大勝館は一九〇八年に開館し、一九七一年に閉館。その後は大衆演劇の劇場などに変わりましたが、最終的に建物は取り壊され、二〇一三年に現在のドンキ浅草店の建物が開館しました。ですから、ドンキ浅草店は、居抜き店舗ではありません。しかし、私はこのドンキ浅草店に「イヌキ」を見出すのです。それは、いったいどういうことなのか。

エレベーター博物館としてのドンキ浅草店

ドンキ浅草店で注目すべきは、一階にあるエレベーターホールです。ドンキ浅草店には二台のエレベーターがあります。そのエレベーターの上側には、「スカイツリー」と「凌雲閣《りょううんかく》」の写真が貼られています。とくに注目しなければ、なんだか二つの塔の写真が貼られているなあ、ぐらいにしか思わないと思います。しかし、この写真には深い意味が込められているのです。

東京スカイツリーは、ほとんどのかたがご存じでしょう。浅草から隅田川を挟んだ位置にあり、日本一の高さ六百三十四メートルを誇る自立式電波塔です。エレベーターとスカイツリーはどんな関係なのでしょう。じつは、スカイツリーのなかを通る業務用エレベーターは昇降距離が四百六十四・四メートルあり、日本一の昇降距離を持っているのです。まさに、日本エレベーター界のトップを走るエレベーターの一つです。

一方の凌雲閣ですが、これは初めて聞く人も多いかもしれません。凌雲閣はかつて「浅草十二階」と呼ばれた東京のシンボルマーク的存在です。異名の通り、十二階建てで、一八九〇年に竣工《しゅんこう》しました。ドンキ浅草店から歩いて数百メートルの位置に建っていたので、その関係でエレベーターホールにその写真が飾ってあるのでしょうか。明治時代の半ばに高さ五十二メートルの建物が現れたことは、一つの大きな事件として受け止められ、一時期は東京観光の一つの名物として多くの観光客が押し寄せました。

ここで重要なのは、凌雲閣が日本で初めて電動式エレベーターを取り入れた建築物だということです。五十二メートルという高さのため、エレベーターが必要とされたのでしょう。世界で初めての電動式エレベーターが設置されたのが一八八〇年代ですから、世界的に見てもかなり早い段階でのエレベーター設置でした（凌雲閣が開業してエレベーターが公開された十一月十日は、現在ではエレベーターの日になっています）。しかし、ほどなくその安全性が疑問視され、凌雲閣のエレベーターは稼働しなくなってしまうのですが、ともあれ日本で最初の電動式エレベーターは凌雲閣にできたのでした。

このことを、先ほどの東京スカイツリーの話と合わせて考えましょう。ドンキ浅草店のエレベーターホールになにげなく貼られている東京スカイツリーと凌雲閣の写真は、それぞれ現代で最も高いところまで私たちを運んでいるエレベーターと、日本で最初の電動式エレベーターという、日本のエレベーター史の起点と現在地点を描き出す存在になっているわけです。しかも、そのどちらもがドンキ浅草店からそう遠くない位置にあるということで、これはドンキ浅草店ならではの歴史、いうなれば土地の記憶が反映されたエレベーターホールになっているわけです。

このエレベーターホールの写真の選定には、どことなく知性を感じさせます。少なくとも、それぞれの地域の偉人にドンペンが扮しているご当地性よりも、よりディープなご当地性がある。しかも、それを日本のエレベーターの歴史に重ね合わせるようにして、さりげなく掲げるというのは、ある意味で離れ技にさえ感じさせます。この二枚の写真はあくまでもドンキ浅草店が店舗としての特徴を強調するために作ったものでしょう。しかし、その店としての戦略が結果的に、このような浅草の土地の記憶のみならず、日本のエレベーター史をも内包している。

私は、このように街の歴史を無意識のうちに内包してしまうような現象を、「イヌキ」と呼んでみたいのです。

映画館の記憶が浮かび上がるドンキ浅草店

ドンキ浅草店には、ほかにも「イヌキ」を見つけることができます。

先ほども語ったように、ドンキ浅草店は大勝館という映画館でした。

そのことを頭に入れながらドンキ浅草店のなかに入ってみましょう。かつて映画館だった記憶を再現しているのでしょうか。なかには、ちゃんと映画のフィルムが装飾として張りめぐらされているのです。なんということでしょうか。私は最初、この事実を発見したとき、鳥肌が立ってしまいました。フィルムのなかには浅草のさまざまな風景が写されています。まるで、フィルムを通して、ドンキが立地している浅草の記録映像を見せられているかのような気持ちになります。ここがかつて映画館であったことを知っていてそのような内装にしたのか、はたまたなにも知らずに、たまたま映画フィルムをその内装として選んだのか。真偽は不明ですが、このことを知っているとドンキ浅草店を誰よりも楽しむことができるでしょう。

さらに「イヌキ」ということで注目すべきは、その外観です。

第一章でも指摘した通り、ドンキ浅草店は、ほかのドンキとは違いドンキらしからぬシックな外観を持っています。見ようによっては大理石風の外観だと見ることもできるのですが、かつての大勝館の外観と、この外観はかなり似ているのです。

大勝館（提供：国立映画アーカイブ）

それだけではありません。

その写真を見ると大勝館の入り口は、現在のドンキ浅草店と同じように交差点の角に面しており、上映中の映画に関係のある人形が大きく取りつけてありました。たとえば、『キング・コング』が上映されたときは、片手に美女を摑んだキングコングの置物が入り口のすぐ上に鎮座しています。

ここで私などは、かつての大勝館の入り口とドンキの入り口が非常に似ていることに想いを馳せてしまいます。交差点に面して開かれた入り口と、その上に鎮座するオブジェ……。かつて、キングコングなどが置かれた位置には、現在、ドンペンのオブジェが取りつけられています。巨大猿から巨大ペンギンへ。

重要なのは、じつはこの入り口の類似性、ただのこじつけではないということ。ちゃんとしたロジックがそこには存在します。

角地ドンキと江戸東京の記憶

大勝館とドンキ浅草店の入り口はどちらも交差点に面して、角に入り口があり、そこを目立つようにしています。これは、「隅切り」と呼ばれる設計方法で、角地に面しているいくつかのドンキ（以後、「角地ドンキ」と呼びます）ではこの隅切りを入り口にしています。ドンキ浅草店をはじめ、新宿歌舞伎町店や、池袋駅西口店、蒲田駅前店、藤沢駅南口店などの店舗がこのような入り口を持っています。もちろん、ドンキ全店を対象にすればほかにも多くのタイプの入り口があるのでしょうが、私がこの角地ドンキを取り上げるのには理由があります。

ドンキのいくつかの店内にはさまざまな言語で書かれた外国人向けの宣伝幕があります。ここに描かれているドンキの姿は角地ドンキなのです。これはどこか特定のドンキがモチーフになっているわけではなく、一般的なドンキイメージが描かれています。

したがって、角地ドンキはドンキの代表的な入り口だと見てよいでしょう。ここで興味深いのは、角地に生まれる「隅切り」という手法は、じつは、明治以降における日本の都市建築の特徴の一つだということです。陣内秀信『東京の空間人類学』では、隅切りという手法が、東京の街並みを考えるときに重要な意味を持っていると語られています。

外国人向け宣伝幕（著者撮影）

「街角」という言葉は、誰もがなんとなく聞いたことがある、あるいは使ったことがあると思います。その名の通り、「街の角」という意味ですが、日本では、この街角という言葉が街そのもののイメージを表すかのように使われがちです。しかし、本来この言葉は、名称通り「街の角」だけを名付けたものであり、現代の日本語でイメージされるような意味はありませんでした。日本では、街角は「街」とイコールにイメージされるぐらい重要視されてきたということです。

それはなぜでしょうか。簡単にまとめると、東京では明治以降、交差点とそこに面した建物が、外観を奇抜にすることが多く、その街の「顔」的な役割を果たしてきたからだ、と陣内

銀座三越のある銀座四丁目交差点（写真：アフロ）

はいいます。角地の「顔」として最も有名なのが銀座の三越でしょう。

東京在住でなくとも、テレビなどで見たことがある人も多いのではないでしょうか。あれが、隅切りの代表的な例です。道路を挟んで、角に大きな時計台があり、それが街の顔を作っている。本来はただ街角にあるだけのものだったのが、「イコール街」だとイメージされるわけです（そもそも、日本で街角という言葉が街そのもののイメージを表す言葉であるかのように使われるのも、こうしたことに由来します）。

ここでいま問題としている大勝館とドンキ浅草店についても考えてみましょう。大勝館もドンキ浅草店も、交差点に面しており、なおかつそこは浅草六区。ほかにも目立つ映画館や建物がたくさんありました。そのなかで、どのようにして目立つのか、ということで、隅切りを入り口にして、そこに目立つオブジェを置いて通りすがりの人の目を引くようにしたわけです。まさに「角」にあることによって、その建物が目立つように、いわば浅草六区の「顔」となるようにオブジェが置かれたのではないでしょうか。だからこそ、両者の入り口は似たのだと考えられます。

このことは、ほかの角地ドンキでも同様でしょう。第一章でも触れたように、ドンキがその入り口に掲げるペンギン「ドンペン」のオブジェは、街のなかでドンキが目立つために、飾られているのでした。その意味では、角地ドンキは、「目立つ」という目的のもと、明治から日本の都市で見られてきた隅切りの手法を自然と反復する形で、そこにオブジェを置いているのではないでしょうか。そう思うと、角地ドンキは、明治以降の東京が育んできた角地の、非常に正当な使いかたをしているとも言えます。逆にいえば、角地という土地の形がこのような連続性を生んだとも考えられる。つまり、見た目としてはさまざまな変化がありつつも、そこに、明治以降の都市の歴史が刻まれているのです。

角地ドンキは、土地の利用方法から導き出される建築の外観を無意識的に反復しています。だからこそ、かつて同じ場所にあった大勝館と同じような外観を持ち、その結果ドンキ浅草店は伝統的な景観を思わぬ形で残しているのです。

このように、私たちはドンキに、自然と歴史を反復している様子を見ることができます。しかも、この反復は意識的に、景観を保全しようとして行われたのではなく、資本主義に基づく経済活動を行った結果、自然にそうなってしまったにすぎない。「目立ちたい」という時代を超えた人々の気持ちこそが、こうした繰り返しを生んだのです。

経営戦略としての「居抜き」が結果的に歴史を反復し、「イヌキ」を呼び込む――こうした不思議な現象を、ドンキ浅草店をはじめとした角地ドンキは物語っています。

「無意識の景観保存」

じつは、建築論・都市論の分野では、このような「無意識の景観保存」についていくつかの研究があります。その一つが、建築史家の中谷礼仁《のりひと》やランドスケープ・アーキテクトの石川初《はじめ》が語る「先行形態論」という議論。これは、ある建築物や土地利用を巨視的に見ると、もともと存在した土地の形(先行形態)によって、その土地に建てられる建築物やその土地の利用法が決定されることがあるという議論です。

たとえば、かつて古墳があった地域では、その古墳が削られてなくなっても、古墳の形に沿った住宅街の景観が残っているといいます（中谷礼仁『セヴェラルネス＋』）。これは、わざわざ古墳を伝承しようとしてその土地の形が継承されたのではなく、無意識的に古墳の形が住宅街のなかで残ってしまったのだといいます。中谷は、ある場所に存在する街は、それが建っている「土地の形」に大きな影響を受けるというのです。

また、こうした「土地の記憶」とも呼べる都市の見かたは、先ほど紹介した陣内の著作や、中沢新一の『アースダイバー』や鈴木博之『東京の地霊』などでもたびたび語られています。『アースダイバー』では、縄文時代の地形にまで遡って、その地形がどのように歴史上の出来事に影響を及ぼし、東京の街を幽霊のように操ってきたのかが語られています。

このような先例にドンキがあてはまらない理屈はありません。そう考えていくと、ドンキをはじめとするチェーンストアが歴史を壊す、あるいは歴史に無頓着だ、という言説は、やはり少し考えなおさなければならないのかもしれません。ドンキをはじめとするチェーンストアはもしかすると、先行形態論的に、無意識的にその土地の歴史を映し出しているかもしれないのです。

先ほどの角地ドンキもまた、無意識的に角地の土地利用を反復していました。ここに表れているのは、まさに先行形態論の話です。意図しないにもかかわらず、残ってしまうものがあるわけです。

これは、歴史保存、とくにチェーンストアのような建築を考えるときには言及されてこなかったことです。ドンキが、そうした歴史保存の仕方をしているというのは、指摘されるべきなのではないか。そもそも土地の歴史というものは、チェーンストアが出店したぐらいで消えてしまうものなのか。もちろん消えてしまう側面もあると思いますが、私は、そのすべてがそこまで簡単には消えないだろう、とも考えています。土地の記憶は必ず伝播《でんぱ》していく、というよりも伝播してしまう。それを、人は亡霊や幽霊の比喩として語ってきましたが、ドンキには、そのような土地の幽霊が憑《つ》いているのではないか。少なくとも、ほかのチェーンストアよりはそのような「幽霊」の憑いている度合いが大きいように思えます。

ドンキ的な資本主義のルートへ

いままでの議論をまとめてみましょう。ドンキのお家芸ともいえる居抜き戦略は、もともとそこにあった建物に制限を受けるということです。その意味で、ドンキは歴史に影響を受けていると言えます。ここでさらにおもしろいのは、そのような通常の意味の「居抜き」だけではなく、土地利用の観点からそうなってしまった、「イヌキ」的な側面も見出せることです。

ドンキでは自然と歴史が繰り返されているともいえるのです。ただ、ドンキの事例が興味深いのは、資本主義的な欲望がそうした歴史保存をしていることです。欲望を徹底していった先に、ドンキ的なものが生まれてきたわけです。そして、そこでは地域に沿った多様なドンキが生まれてきます。

だとすれば、こうも言えるはずです。私たちはさまざまな局面において資本主義を徹底的に加速させていけば、ドンキが生み出すような多様性を生み出しうるのではないか。しかし、これはほんとうなのでしょうか。

じつは、この問題を考えた末に、私が考えている「居抜き」の議論がやっとゴールにたどり着くのです。この問題を最後に考えてみましょう。

資本主義を徹底させれば多様性が生まれる、という言葉には、多くの反論が飛んできそうです。事実、多くの論者が指摘しているように、グローバルな資本主義が広がるにつれて、世界各地で人々の生活が均質化したことが糾弾されています。その一つのアイコンが、マクドナルドであり、アップルのiPhoneでしょう。また、本書で語ってきたような建築・都市の分野においても、画一的なビルが、とくに再開発地帯を中心に増えてきたことが嘆かれています。

したがって、資本主義が加速すればするほど、人々の生活が画一化していき、生活の細やかな楽しみがなくなっていくという危機感を多くの人が持っています。しかし、ドンキ的なるものは、同じように資本主義的な欲望を満たしつつ、しかしそうした画一化とはまったく異なる店舗の姿を持っていることを私たちは見てきました。

私がこの本で考えてきたことは、チェーンストアが都市の多様性を損なわせる、という一般的な意見に疑問を持ってみることでした。もし、そこでそうした多様性が損なわれていないのだとすれば、その条件とはなんなのか。

そこで、最後にドンキと対比させたいのが、アメリカの都市街区「マンハッタン」です。いきなりマンハッタンというと、驚かれる人も多いと思いますが、じつはこの文脈でドンキを考えるときに、非常に似ているのがマンハッタンなのです。

どういうことかというと、一九二〇年代のマンハッタンは、資本主義という「欲望」が作った建築や都市のありかたの非常に代表的な例だからです。マンハッタンも、資本主義的な欲望が作った場所なのです。

どういうことでしょうか。

レム・コールハースという建築家が『錯乱のニューヨーク』という本を書いています。そのなかで、ニューヨークのマンハッタンに広がる摩天楼というのは、ある一人の建築家ではなくて、匿名の人々の欲望が作り上げた都市だという言いかたをしています。ここまで語ってきたように、ドンキもまた、企業側が店を作るだけではなく、地域住民の意向や、周辺都市の状況などの複合的な要素がその店を作り上げているのでした。

ですから、このような言いかたに、私はドンキとの親和性の高さを見るのです。でも、マンハッタンの高く大きくそびえる摩天楼と、ドンキを想像してみてください。その見た目は、まったく違うものだと思います。

マンハッタンは日本でいえば、丸の内や大手町に見られるような、グリッド状で整理された街並みをしています。実際、丸の内の行幸通りあたりはかつて「一丁紐育《いっちょうにゅーよーく》」とも呼ばれていましたから、あながちその連想も間違いではありません。

一方でドンキは、ゴチャゴチャとした通路や過剰な装飾などがイメージされるでしょう（もちろん、そうではないドンキもあることは何度もこの本で語ってきました）。つまり、マンハッタンとドンキは、見た目としては、あまりにも異なる。

つまり、同じように資本主義を徹底させて建築なり都市なりを作るにしても、そこにはマンハッタン的なルートとドンキ的なルートの二つがあるのではないかと仮定できます。この二つの特徴は、資本主義的な欲望が、建築思想や都市設計の思想よりも前に建築や都市を生み出してしまっている、というところにあります。欲望が思想に先行する。その点では同じなのに、なにがマンハッタンとドンキを分けたのか。

マンハッタンとドンキから見えてくるもの

ここで大事なのが、第三章でも何回か扱った「隔離と融和」の問題です。ここでもう一度、このキーワードが登場します。

具体的な話をしながら見ていきましょう。そもそも、どうしてマンハッタンは誕生したのでしょうか。コールハースはマンハッタンの歴史の前身的な存在としてニューヨークの郊外に誕生した「コニーアイランド」という遊園地を語ります。南泰裕は五十嵐太郎との共著『レム・コールハースは何を変えたのか』で、この事実をことさら強調して、レム・コールハースの思想を読み解いていきます。

コニーアイランドは、遊園地の元祖とも言われている存在で、ニューヨーク郊外のなにもない土地に、一から夢のような空間を作り上げていきました。レム・コールハースの見立ては、じつは、そこでコニーアイランドをゼロから作り上げたという経験こそが、マンハッタンの計画に活かされているのではないかというわけです。その二つをつなぐ視点はなにかというと、もともとの土地から「隔離」され、なにもない場所から都市や建築を作り上げていったということです。都市から隔離された場所にコニーアイランドは作られましたし、マンハッタンのグリッド状の土地は、マンハッタン島の北部の人がほとんど住んでいない場所に作られました。

南はまた、コールハースが生涯にわたって「原発」の建築にも興味を持っていたことを強調します。原発もまた、基本的には大都市からは隔離された位置に作られてきました。言わずもがな、放射性物質の脅威があるためです。南の論考のテーマ自体は違う所にあるものの、その論考を読んでいると、コールハースの興味のありかが「隔離された場所になにかを作ること」だと思えてきます。

ゼロの土地から、コニーアイランドという夢のような遊園地を作り上げたことと、同じくゼロの土地からマンハッタンを作り上げたことを結びつけながら語った理由がそこに求められるのだと私は考えています。

さらに、コールハースは、このような隔離されてできたマンハッタンの生活について「この建築的ロボトミー（引用者註：マンハッタンのこと）は外部と内部の建築を分離する」というふうに書いている。その建築物ができることによって外部と内部が隔離されているというのです。つまり隔離によって誕生した建築物は、さらなる隔離を生むとコールハースは考えている。それはなぜかといえば、その隔離された土地にはなにもない、つまり外部にはなにもないため内部をどんどん発展させて豊かにしていかなければならないからです。マンハッタンの現在の街区が誕生したのは、「一八一一年委員会計画」によってですが、そのときには、グリッド状に隔離された限られた面積の土地をそれぞれの地権者に与えていった。そのなかで、各地権者はなるべく内部空間を豊かにしたいと考える。そのときに人間はなにをするかというと、土地の面積が限られているので、建物をどんどんと高くして、上に面積を広げていくわけです。限られたグリッド状の土地でどうやって内部空間を広げていくかというと、縦に伸ばすしかない。

そしていろんな区画で縦にどんどん伸ばし続けた結果、摩天楼が生まれたというのです。それが現在のあの、ニューヨークの活況につながっているのです。ゼロの土地があり、そこからグリッド状に人々に土地を分け与えると、外部空間がそこまで発達していなかったために、周りとの協調はとりあえず脇に置いて、内部空間をひたすら豊かにする。そのためには建物を上に伸ばすしかないため、摩天楼が生まれていった。これがコールハースの語るマンハッタン誕生の論理です。

その結果として、各フロアの人々の生活は見えないし、あるいはほかの区画の人々がどのように過ごしているのかというのも見えなくなってくる。日本では現在、タワーマンションなどが再開発事業で多く建てられていますが、その批判として、共同体コミュニティの希薄化が挙げられています。これは、マンハッタンで人々の生活が隔離されるのと同じ原理です。タワーマンションの増加で懸念されることがマンハッタンにすでに見られていたのです。

問題は、こうした「隔離された」区画になにかを作っていく場合、内部空間だけが豊かになっていくということです。つまり、ほかの建築物との協調があまり考えられない、あるいはそのような意識が希薄になっていく。もちろん、マンハッタンの開発においても、条例などによって景観についての規制が進められ、ほかとの協調がまったく考えられなかったわけではありません。しかし、相対的にはやはり内部空間への意識が強かったでしょう。

そして、このような「隔離」の問題は、たとえば第三章で語ったような、内部空間にユートピアを作ろうとする、ショッピングモールやテーマパークと似たものを持っているのです。東浩紀と大山顕が、ショッピングモールを砂漠におけるオアシスにたとえたのは、延々と続く道路のなかに突然、生活に必要なすべてのものが揃っているショッピングモールが現れるからでした。マンハッタンの前身的な存在として遊園地の元祖・コニーアイランドが語られていることとは指摘した通りですが、ショッピングモールも同時に、その仲間として考えることができるでしょう。

一方でドンキはどうだったか。

非常に具体的な話になりますが、ドンキが店作りをスタートした一九八九年というのは、すでに日本はロードサイドを中心に多くの小売店があふれ、マンハッタンのような「隔離」された土地でなにかを作るということは、もはや考えることもできない状況でした。小田光雄が『〈郊外〉の誕生と死』などでまとめているように、一九七〇年代からスタートしたロードサイドの郊外化は一九九〇年代には完全に成熟しきっており、そんななかで、国道20号線沿いの府中にドンキは第一号店を出店した。つまり、外部空間には店があふれているという状態で事業を始めたわけです。これはなにもない土地からそれぞれの建物を作り出したマンハッタンとは大きな違いでしょう。

同じように資本主義的な欲望を徹底するにしても、一方は隔離されたゼロの土地から始める、もう一方は小売業が飽和し、景観的にも飽和している状態から始めるという大きな違いが、マンハッタンとドンキの間にはあったわけです。

ある意味でドンキは、周りに店があふれ、飽和しているという「仕方のない状況」を受け入れざるを得ないところから店作りを始めなければならなかった。そこには、一種の「諦観」とさえ言えるようなドンキの姿勢が表れているかもしれませんが、それが、最終的にはドンキが周囲のさまざまな要素の影響を受けながら店の形を変えていくことにもつながるのではないか。たとえば、第一章でも書いたように、なぜ、ドンキの外観にドンペンはつけられたのか。あるいは、なぜあんなに派手な外装をしているのか。それは、周りに小売店がたくさん存在していたため、生き残るために目立たなければならなかったからです。そうしなければ人が店に気がつかず通りすぎてしまう。お客が来なければ店は潰れて食べていけなくなるという状況だったわけです。これは、ドンキの源流の「泥棒市場」からそうだったのですが、とにかく目立たなければならなかった。ドンキ創業者である安田の自伝『安売り王一代』には、このような初期の段階で、食いつなぐために安田が奮闘した記録が書かれています。まさに仕方のない状況から始まったわけです。

また、第二章で語ったのは、ドンキの店舗構造や商品が、「地域住民」という、もともとそこにいて変更することが不可能な要素の影響を受けていることでした。ある意味で、これもまた、仕方のない状況に店舗を適合させてきたことの代表例として見ることができるでしょう。

これは高度経済成長を背景に登場してきたチェーンストアに顕著ですが、かつて、まだ敗戦の記憶を色濃く残していた時代にはとりあえずさまざまなものを大量に売ること自体が、一つの大きなアドバンテージになったわけです。しかし、郊外化が進み、チェーンストアが全国に広まった一九九〇年代には、もはやそうした「豊かさ」を提供するものとしてのチェーンストアは必要ではなくなってきました。全国均一で大量の商品を売るというスタイルが成立しなくなってきたときに、ドンキは地域密着ということで、権限委譲のスタイルを開発して、地域のニーズを汲《く》み取る仕組みを整えたわけです。その結果として、地域住民のニーズに適合し、それぞれの地域特性に応じた店舗が誕生したのです。このことは都市とドンキをめぐる議論として、第三章でも見てきました。

さらに、第四章でここまで語ってきた内容にも触れておきましょう。「居抜き」というのは直接的には、もともとなにかの商売をしていた建物をそのまま流用して店舗を作ることでしたが、私は、その「居抜き」を「イヌキ」という言葉で、より広くとらえようとしました。「イヌキ」とは、歴史から無意識に影響を受けて店作りを行うことを表しています。ですから、ここでもまた、ドンキはもともとあった状況から影響を受けていると言えるわけです。

そうしたことは、ドンキがいままでさまざまな問題に対処するために、その都度経営スタイルを変えてきたことにも表れているでしょう。地域住民とのトラブルもその一つです。出店反対運動や騒音問題、景観問題などさまざまな場面でドンキと地域は対立してきました。すべての問題が完全に解決しているわけではないでしょうし、まだ地元との対立が残るドンキもあるとは思いますが、しかし概してドンキはその度になんらかの対応策を取ってきました。

以上のように、景観や地域住民のニーズ、そして都市や歴史などにも影響を受けながら、ドンキという一企業だけではどうしようもない「仕方のない状況」から店を作る。状況を受け入れることからドンキは店作り・経営を始めていったわけです。これは、限りなくなにもない「隔離」された土地から資本主義をすすめてきたマンハッタンとは対照的でしょう。

一見、まったく異なるように見えるドンキとマンハッタンですが、これら二つは、資本主義的な欲望によって形成されつつ、しかし「隔離」と「融和」という二つの異なる方向性を持っているのです。そして、とくにドンキにおいては、そこにおける「融和」というきっかけが、ドンキのさまざまな特徴を作っているのです。

ドンキは地域と対立しているように見えて、実はそれと融和する働きをしてきました。そしてそれは地域住民や土地といったさまざまな要素と店舗を調和させるように働いているのです。

ドンキが映し出す矛盾

そうした「融和」のありかたを見てきたうえで私が思うのは、「ドンキはもしかすると究極のSDGs企業なのではないか?」ということです。SDGsとは、社会を構成するさまざまな要素に耳を傾けながら、地球も含めたさまざまなものの持続性を意識していく動きのことです。ＳＤＧｓが掲げる十七の目標を意識した活動を行う企業も増えており、耳にしたことがある人も多いでしょう。

じつは、ドンキが資本主義的な欲望を徹底的に追求するために行う「融和」は、こうしたＳＤＧｓ的なものとの親和性が非常に高いのではないかと思うのです。

具体的な例でお話ししましょう。本書でも何度も取り上げているＭＥＧＡドンキ渋谷本店ですが、ここには開店当初から「オールジェンダートイレ」が設置されていました。渋谷区は同性カップルのパートナーシップ制度を区として導入するなど、ジェンダー関連の政策においては最も進んでいる区です。そのような土地柄を反映してなのか、このオールジェンダートイレはつけられたのです。ＳＤＧｓの五番目の目標には「ジェンダー平等を実現しよう」とあります。

では、なぜドンキでオールジェンダートイレが取り入れられたのか。それは、そちらのほうがいろいろな人が使えて集客になる、つまりより儲けることができるからです。さらにいえば、一種の「ウリ」になるからです（もちろん、それだけではないでしょうが、この側面もたしかに存在しているでしょう）。

オールジェンダーで、あらゆる人に向けた多様な商品を置き、さらには地域住民との融和を図っていく。そうした持続可能な店舗経営を行おうとする試みは各地で見られます。

ただ一つねじれているのは、そうした試みは、店を存続させていかなければならない、つまり資本主義に基づいて利益を生み出さなければならないという意識から始まっていることです。このことは、本書でも何度も指摘してきました。

ＳＤＧｓが敵対視する企業のありかたは、たとえばかつてのダイエーが日本全国で出店攻勢を進めていたときのように、「より大きく」「より安く」という、わかりやすく利益を最大限にする戦略をとる企業の姿でしょう。それは、現在のグローバル社会におけるＧＡＦＡをはじめとする巨大企業にも言えることです。本のネット通販から始まったAmazonは、本だけではなく、生活のすべてがAmazonのサイトで賄えるような体制を整えようとしています。こうした資源を食い尽くす発展の仕方こそ、ＳＤＧｓとは真逆を行くものです。

そう考えると、ドンキもまた、資本主義的な欲望に動かされているという点では、ＳＤＧｓを支持している人たちから嫌われる企業の筆頭にありそうです。しかし、いままで確認してきたように、ドンキはそのような発展をしなかった。それは、外部に存在するさまざまな要素に耳を傾けながらそれと融和するように店を作っているからでした。

思わぬ形で、ＳＤＧｓの片鱗《へんりん》をドンキに見出すことができましたが、これはある意味、日本では環境活動の一環で語られることの多いＳＤＧｓが、資本主義を徹底することで成り立ってしまうというねじれた構造を映し出しているのです。

チェーンストアから「現実」を考えてみる

ここまで、ドンキは周囲のいろいろなものに影響を受けながら、儲けたいという欲望を具現化してきたことを見てきました。その姿勢はまさに私が定義した「イヌキ」の思想ともいうべきものであり、それこそがＳＤＧｓ的な価値観ともつながっています。

一方、マンハッタン開発のような思想は、外部と融和させるのではなく、むしろ徹底的に内部空間を豊かにしようとしてきた。第二章で語ったようなヴィレヴァンの問題や、第三章で語ってきたようなショッピングモールの問題にも通じると思います。ヴィレヴァンは一九五〇年代のノスタルジックなアメリカを内部空間に徹底的に作るために、イメージの操作をしていましたし（その結果、コンビニやスーパー的なものを嫌うわけです）、ショッピングモールというのも、すでにさまざまな先行研究が示しているように内部のユートピアを作る動きです。だから、その外装は倉庫のようなものでもいいわけです。同じく第三章で語ったディズニーランドというのも、まさに内部空間をいかに豊かにするかという試みだったわけですし、そのテーマパークの源流に、レム・コールハースが語ったコニーアイランドもあり、そしてそのコニーアイランドの構想が最終的にはマンハッタンにつながっていく。ですから、本書でドンキと比較してきたものは、すべて一直線の問題系に貫かれているのです。それは、内部空間をひたすら拡大していくことによって世界を覆い尽くしていこうという運動です。

その系譜の上にAmazonもあります。Amazonは現在、航空貨物事業も始めていますし、生活のすべてをAmazonで塗り替えていこうとしている。Amazonのロゴを全世界に広げているわけです。スコット・ギャロウェイの『the four GAFA—四騎士が創り変えた世界』でも、Amazonは小売からスタートして、生活のすべてをAmazonに塗り替えようとしていると指摘されています。この塗り替える、という態度自体が、ヴィレヴァンやテーマパークにも見られるのです。

ここで語ったことは、この本のテーマになるような対立軸です。ドンキの「融和」という方向性は、ヴィレヴァン的なるもの、ショッピングモール的なるもの、ディズニーランド的なるものとは違う系譜にあります。つまり居抜き戦略によって、都市の歴史や記憶、あるいは日本の現実のある側面までをも反映してしまう。そのような外部が仕方なく取り込まれる空間がドンキなのではないか。そのことを「居抜き」、あるいは「イヌキ」は端的に表していると思います。

チェーンストアは街を均質にするわけではない。もちろん、ドンキだけの考察をチェーンストアすべてにあてはめることは危険でしょう。しかし、「チェーンストアは均質なのだ」ということだけにとらわれてしまうと、ドンキのなかにある多様性を見落としてしまうのではないか。その現実の姿に、目を向けてみると、じつに多くのことに気づかされます。ドンキの「イヌキ」を見ていてわかること——それは、一九九〇年代以降、建物が建設され尽くして、「居抜く」ことで拡大を続けている現在の日本の姿です。あるいは、「儲けたい」という欲望を追求することで、「地域共同体の形成」や「治安の改善」「歴史の保全」「すべての人に開かれた空間づくり」といった「正しさ」を達成することもある資本主義のねじれた姿かもしれません。ドンキの姿を見つめることは、こうしたいまの現実を正しく見据えることにつながるのです。

終章　チェーンストアの想像力

チェーンストア理論から遠く離れて

本書では、チェーンストア「ドン・キホーテ」を探訪しながらチェーンストアのステレオタイプなイメージをときほぐしていきました。第一章ではその外観を、第二章では内装や商品のラインナップ、そして第三章では都市とドンキのつながりについて「ヤンキー・DQN」を元にして考え、第四章ではドンキの重要な戦略の一つである「居抜き」を考えました。

見えてきたのは、ドンキのさまざまな特徴が、その企業活動から結果的に生み出されていたこと。利益を効果的・効率的に追求すると、なぜかそのような特徴が生まれたのです。そしてそれは、ドンキ各店舗に多様性を生み出しています。そんなチェーンストアの姿は、チェーンストア理論で言われる、各店舗の外観や内装、あるいは商品仕入れ経路を均質にして経営のコスト削減を図る戦略とはまったく異なります。

かつてのチェーンストアの代表例として、スーパーマーケットのダイエーとドンキを比べてみましょう。ダイエーの経営者であった中内㓛は、チェーンストア理論に非常にこだわり、各店舗での経営の均質化を図ろうと奔走していました。ダイエーは関西の企業ですが、関東に進出する際、流通経路を同じにするために、販売する砂糖の種類を関西でメジャーな銘柄のみにしようとしたといいます（佐野眞一『カリスマ―中内㓛とダイエーの「戦後」』）。結局、これは関東のニーズに合わないという反対にあい、実現しなかったのですが、中内がいかにチェーンストア理論に忠実であろうとしたのかを表しています。

しかし、ダイエーはバブル崩壊後の景気低迷を受けて経営が悪化。消費者のニーズが多様化し始めた時代において、チェーンストア理論をそのまま行うことの限界が露呈した形となりました。

ドンキが（厳密にいえば、その親会社のパン・パシフィック・インターナショナルホールディングスですが）、企業として三十二期連続増収という異例の記録を成し遂げていることは確認した通りです。私は、経営分析をする立場ではありませんが、ドンキがこのように記録を伸ばし続けている背景には、やはり地域ごとのニーズに応えることや、経営コストを抑えるために戦略的に行う居抜きが功を奏しているのではないかと思います。つまり、本書で語ったような地域の多様性に応じるドンキのありかたが、その成長の原動力なのではないか。そしてこのことは、資本主義的な欲望が、結果的に「多様性」を叶えているというねじれた姿をも映し出しているのだと、第四章の終わりに述べました。

終章では、ドンキの今後の姿や、本書での分析の意味を考えながら、この「資本主義的な欲望が、結果的に『多様性』を叶えている」という事実について考えていきます。

ドンキとチェーンストアはどうなるのか

まず考えるべきは、ドンキの未来の姿です。ドンキは企業として成長を続けていくのでしょうか。あるいはどこかのタイミングで衰退していくのでしょうか。

本書の内容に照らして考えれば、ドンキ的な業態モデルはこれからの小売店・チェーンストアの一つの重要なモデルになるだろうと思います。ドンキがその業態をしなやかに変化させ続ける限り、ドンキの躍進は止まることがないのではないでしょうか。

ただ、正直なことをいえば、ドンキのこれからがどうなるのかはまったく予想できません。私がドンキについて調べ始めたのは二〇一七年のことですが、その後、ドンキを取り巻く状況は大きく変化しました。最も大きな影響を与えたのが、言わずもがな、新型コロナウイルスの世界的流行です。

それまでドンキの需要を大きく支えていたのは、海外からのインバウンド需要。ドンキの一つの特徴でもあるゴチャゴチャした雑多な感じが、いかにも「なんでもあり」の日本らしさを思わせるため、外国人観光客からドンキは大人気でした（その様子は、嶋村ヒロのエッセイマンガ『ドンキに行ったら外国人がすごかった』でコミカルに描かれていますから、興味があるかたはぜひ読んでみてください）。

そんなインバウンド需要が新型コロナウイルスの爆発的感染拡大によってほとんどゼロとなった現在、ドンキの経営も大きな方向転換を迫られています。私が二〇二〇年にドンキを訪れたときには、ゲームや在宅ワーク用の家具など、ステイホーム需要を見越した商品コーナーが増えていました。また、感染拡大の初期には、マスクやアルコール消毒液の場所をホワイトボードで書き、店頭に示してありました。それらの需要が増加し、すぐにでも必要な人が多かったからです。ドンキが持つ「回遊性」の不利な点（商品が見つけにくい）を、一時的に克服しようとする対応は、これまでに見られなかった事態です。

第三章でも語ったように、ドンキは近年、MEGA業態などを中心に、スーパーマーケットのようなフロアのある店舗を増やし続けています。そうしたこともあって、インバウンド向けではない需要にも対応できたのでしょうが、今後もこのような事態がいつ訪れるかわかりません。いずれにしても、先行きが不透明な現代において、ドンキの経営が突然傾いてもおかしくはないのです。そしてそれは、本書のもう一つのテーマでもある「チェーンストア」でも基本的には同じでしょう。いまでこそ、さまざまなチェーンストアが盤石な経営を行っているようにも思えますが、その光景が突然変化することだって十分あり得るのです。実際にコロナ禍を経て、多くのチェーンストアの店舗が閉店を余儀なくされています。

では、本書で考えてきたことはある時代の風景を切り取っただけにすぎないものなのか。私は、そうは思っていません。

都市をおもしろがる目

私がドンキというチェーンストアを語ることによって試みたのは「都市をおもしろがる」ことです。実際、本書でのドンキ分析の正否にかかわらず、ドンキはそのイメージに反して多様な姿を持っている、という視点を持つと、チェーンストアであってもドンキをおもしろく見ることができます。

私は本書の構想を練るにあたって、旅行先のドンキを訪ねることが一つの楽しみになりました（新型コロナウイルスが流行してからは地方ドンキめぐりもめっきりできなくなりましたが）。ふつう、ドンキめぐりは、観光の目的の一つにはならないでしょう。しかし、本書で語った視点を持っていると、単純にドンキをめぐるのが楽しくなるのです。こうした視点はドンキのみならず、他のチェーンストアめぐりも楽しいものにしてくれるのではないか。いわば「チェーンストアは決して均質ではない」という視点を持つことによって、普段、なんとなく使っていて見過ごしている「チェーンストア」を、おもしろく見ることができるのではないか。それはチェーンストアに囲まれた私たちの都市や風景をおもしろく見ることにつながるのだと思います。

「居抜かれドンキ」とセブン - イレブン

これに関連して、一つ興味深い例をお話ししましょう。

本書の第四章では居抜きドンキとして、さまざまな物件を居抜き、結果としてその物件の歴史を反映するドンキを多く紹介しました。その延長として、私は「居抜かれドンキ」にも注目しています。これはつまり、もともとドンキだったのに、いまはドンキではないものに「居抜かれた」ドンキのことです。

その代表選手として私が注目しているのが、東京随一の古書店街として知られる神保町の元ドンキです。じつはここ、とてもおもしろいのが、「居抜かれドンキ」であるとともに、「居抜きドンキ」でもあったことです。もともとこの物件は、スポーツ用品店で、そこを居抜く形でドンキ神保町靖国通り店が誕生しました。しかし、一年もしないうちにドンキは撤退し、現在その建物には、一階・二階にコンビニチェーンである「セブン - イレブン」(以後、セブン)、その上にはチェーンのカラオケボックス「まねきねこ」が入っています。

興味深いのは、現在のセブンです。このセブン、外観はふつうなのですが、店内は、かつてのドンキが居抜かれていることもあって、不思議な姿をしています。二階に向かう階段は奇妙にカーブを描き、階段の位置も不自然です。ドンキの店舗では、階段が不自然に曲がって次の階につながっている光景はよく見られますし、そこにたくさんの商品が詰め込まれています。しかし、セブンは階段の周辺に商品を詰め込むことはせず、階段の構造だけをそのまま残しているので、階段だけが店のなかで妙に浮いているのです。ここでもまた、セブンが居抜き出店をしたことによって、かつての面影を無意識的に継承する姿が見られます。

このようにドンキ以外のチェーンストアも「居抜き」を行うことによって、各店舗間で均質ではないチェーンストアの姿が生まれているのです。

じつは、こうしたさまざまなセブンの姿を特集した記事があります。ライター・かとみさんの「いろんな形のセブンイレブンを愛おしむ」です。ここでは、不思議な店舗構造を持ったさまざまなセブンが特集されています。おそらく、こうした不思議な形が見られる背景には、セブンが居抜き出店によって店舗を増やしていることもあると思います。

本書では、ドンキの議論をわかりやすくするために、コンビニを「コンビニ」というまとまりで単純にして扱いました。しかし、ドンキの各店舗の小さな違いに注目した視点を広げていくならば、コンビニにだって、小さな違いがあるのです。そして、その違いの背景に想いを馳せながら、コンビニをおもしろがることだってできる。こうした視点は、現代の都市そのものをとらえなおすことにもつながります。そしてそれは、どんな時代においても必要な視点なのではないか。私はそう考えています。

「おもしろい街はない」

私が「都市をおもしろがる目」にこだわるのには、早稲田大学での私の恩師である宮沢章夫の影響があります。宮沢は、劇作家・演出家として演劇に携わる傍ら、サブカルチャー研究の分野でも知られ、独特な方法で都市空間に迫る考察も行っています。

宮沢は、都市を観察することについて私にこのように語ってくれました。

「おもしろい街はない。おもしろく街を見る目があるだけだ」

私たちはつい「おもしろい街」があって、そこに行けばおもしろい体験ができると思いがちです。しかし、ある人にとってはまったくおもしろく見えない街であっても「おもしろく街を見る目」を持った人が見ればおもしろい街に見えることがある。これは、決して都市を見るときだけに限りません。およそ、さまざまなものを見るときに、この発想の転換は重要な意味を持つでしょう。

すでに本書で何回も語ってきたように、「チェーンストアは均質である」「チェーンストアはつまらない」ということは、ほとんど常識のように語られてきました。そして、その言葉のあとには「チェーンストアばかりが増殖する街はなにも見るものがなくおもしろくない」と続きます。しかし、ほんとうにそうなのでしょうか。

むしろ、それはチェーンストアに埋め尽くされた都市をおもしろがる視点が欠けているからではないでしょうか。宮沢の言葉を借りるならば、「おもしろいチェーンストアはない。チェーンストアをおもしろがる目があるだけだ」ということになるはずです。

もちろん、ただ無責任にチェーンストアをおもしろがればいい、と述べているのではありません。実際にチェーンストアの増殖によって起こる都市の問題はあるでしょうし、そのなかには未来のために真摯に取り組まなければならない問題もあるはずです。たとえば、フードロスの増加や個人経営の小売店の減少、低賃金労働の問題など、具体的な問題としてこれらは考え、解決していかなければならないでしょう。一方で本書では、ドンキを例に、近年さまざまに言われるSDGs的価値観や多様性についての課題が、資本主義的な欲望を追求することによって叶えられてしまう側面についても触れています。

私たちの生活がチェーンストアに取り囲まれていることは、抗《あらが》いがたい一つの事実です。だとすればチェーンストアをおもしろく見る人がいてもよいのではないか。私はそう思うのです。

チェーンストアが生み出す多様性をどのように評価するか

そのうえで最後に私が考えたいのは、チェーンストアが多様性を生み出すとして、その多様性をどう評価するのか、ということです。

多くの人が指摘している通り、チェーンストアは資本主義のシステムのうえに成り立っており、そのシステムは貧富の差を助長するものでもあります。ただその一方で、チェーンストアが多様性を生み出していることも事実です。

このようなねじれた状況への答えはさまざまだと思います。ただ、それを承知のうえで私はチェーンストアが生み出す多様性を肯定したいと思うのです。なぜなら、チェーンストアの存在を通して他者理解や、他者への共感性を高めることができるのではないかと考えているからです。

チェーンストアが日本各地を埋め尽くし、それが都市景観や街並みを考えるときに外すことのできない観点であることはすでに語ってきた通りです。そして、多くの人がさまざまなチェーンストアに対して、記憶や思い入れがあるのではないでしょうか。

これをお読みのみなさんも、決して大きなものではなくても、チェーンストアに対する記憶があると思います。私自身、序章でドンキ北池袋店の記憶を語りました。読者のみなさんや私が持つ記憶は、それぞれ代えがたく固有のものだと思っています。その点において、チェーンストアは均質なものではなく、使う人やその瞬間の状況によって異なる姿を見せてくれる、変化に富んだものだといえると思います。

その一方でチェーンストアが興味深いのは、そのようなバラバラの思い出であるにもかかわらず、それが「チェーンストアでの経験や記憶」という一つのまとまりとしてとらえられることです。たとえば、ドンキは店舗ごとに異なる商品を売っていたり、異なる内装をしていることとを見てきました。しかし大勝館跡地に建てられた東京のドンキ浅草店も、安藤忠雄が設計した建物のなかにある沖縄のドンキ国際通り店も、北海道のテーマパークの後にできたMEGAドンキ苫小牧店も「ドンキ」という一つのまとまりとしてとらえられます。それと同じように、全国のドンキ利用者が経験したことや記憶は、それぞれ固有のものでありながら、すべて「ドンキでの経験や記憶」として意識されます。「チェーンストア」とは商業的な要請によって形成されたまとまりです。しかし同時に人々のさまざまな記憶や経験を一つにまとめあげる力も持っているのです。

私は、チェーンストアが持つこのような「違うけれど同じ」という、どっちつかずな性質にこそ他者を理解し、共感性を育む可能性を見出しているのです。どういうことでしょうか。

『お耳に合いましたら。』とチェーンストアの共感作用

チェーンストアの「違うけれど同じ」という性質に着目したドラマがあります。二〇二一年にテレビ東京で放映された『お耳に合いましたら。』です。

このドラマは、ポッドキャスト番組が好きでたまらない主人公が、一流のパーソナリティーを目指して奮闘する物語です。その展開の軸となるのが、チェーンストアのご飯、通称「チェ

ンメシ」。主人公はポッドキャストと同じぐらい、チェンメシにも目がないのです。ドラマでは毎回、「松屋」や「ドトール」や「ドミノピザ」といったお馴染みのチェーンレストランやカフェが登場し、それにまつわる主人公の思い出が回想されます。しかし、そこでの思い出はふつうのドラマのようなドラマチックなものではありません。ファミレスで友達と自主制作ラジオ番組のネタを書いたとか、母親とドトールに行ったとか、そんなささやかな思い出です。それでも、その思い出は主人公にとって大事なもので、その一つ一つが輝くようにドラマは構成されています。

このドラマのレビュー記事を書いた藤原奈緒は、このドラマには「一人の世界が一人ではなくなっていく」ことによるある種の多幸感があるといいます（「『お耳に合いましたら。』に凝縮された幸せな時間「一人ではない」というメッセージ」）。

主人公はポッドキャストとチェンメシが好きすぎて、最初、一人きりでポッドキャストを始めます。誰が聞いているのかわからない不安のなか始めたポッドキャストは、だんだんと周りの人を巻き込んでいきます。その時に人々をつなげるのがチェンメシなのです。いわば、チェンメシが接着剤のように、一人だった主人公とさまざまな人々をつなげていくのです。そして、チェンメシはまた、視聴者である私たちとドラマの登場人物をもつなげます。藤原は、「毎話観終わったらじんわり涙してしまう」と書き、その理由を次のように書きます。

彼女が語り尽くす（引用者註：チェーンストアでの）「食」にまつわるエピソードは、彼女の人生の原風景そのもので、誰かと何かを食べた記憶なのだ。視聴者は、その強烈な「幸せな時間の凝縮」に圧倒されるとともに、その一見ありふれた、今すぐにでも再現可能な行為に潜む無限の可能性に気づかされ、翌日のご飯を買いに同じチェーン店に駆け込みたくなる衝動に駆られるのである。

ここで重要なのは、一人の世界が一人ではなくなっていく、という主人公の経験を、視聴者もまた同じように経験することです。それはなぜかといえば、藤原が「今すぐにでも再現可能」と書いている通り、「チェンメシを食べる」ことは主人公だけでなく、私たちにも許された行為だからです。ドラマの主人公のように、私たちは松屋やドトールでの記憶を思い出すことができるのです。

つまり、チェンメシの記憶が多くの人の日常生活に潜んでいるからこそ、その共通の記憶を思い出すことで、私たちは主人公に感情移入できるのではないでしょうか。このドラマが生む多幸感は、バラバラな記憶を一つにまとめあげる力を持った「チェーンストア」によって可能になっているのです。

チェーンストアが生み出す「ゆるやかな連帯感」

ドラマでは主人公が「あ、私ひとりじゃないんだあ」と呟《つぶや》きます。まさにここで語られる「私はひとりではない」という言葉こそ、私はチェーンストアを語るときに、ほんとうに大事なことだと考えています。

すでに書いたように、チェーンストアは多くの人が使っており、そこには共通の記憶があります。たとえば、「ファミリーマート」といえば、緑色の看板や、ファミチキのことを思い浮かべることができるかもしれません。そこには看板や商品、店内の様子に媒介された共通の記憶が存在しているわけです。一方、それをどのように利用し、そこでどのような経験があるかは人によって違います。

一人ひとりの人生のドラマがチェーンストアには存在しているとともに、「チェーンストア」という共通の記憶を思い出すことで、他者の人生に想いを馳せることができるのではないでしょうか。私が序章であえて私自身のドンキについての思い出を書き、そしてそこからドンキの考察を始めたのも、このような発想が元にあるからです。ドンキについての思い出は私に固有のものですが、しかしドンキについて語ることで、そうした私自身の物語に共感性が生まれるのではないかと思ったのです。

私はここから少し思考を飛躍させて、こう考えます。チェーンストアを使う人たちのなかに、ある種の連帯感を見出せるのではないか。

その連帯感は、決して強いものではありません。チェーンストアを利用することで、未知の人と仲良くなるということはまれでしょうし、そこでは積極的に「誰かと連帯している」という感覚を得ることは難しいと思います。いつものコンビニによくいるバイトの人、同じ時間帯のファストフード店にいつもいる会社員、ファミレスで井戸端会議をするママ友たち。なんとなくその存在は見ているけれど、実際に彼ら彼女らと話したり、仲良くなることはまれでしょう。それでも、私たちが彼らをどことなく意識しているように、彼らもまた、私たちを「いつもよく見る人」として意識しています。そのような、強くはない、しかし、たしかにそこにある一体感こそ、チェーンストアが生み出す「ゆるやかな連帯」ではないでしょうか。

オンライン化する世界におけるチェーンストアの可能性

しかしながら、コロナ禍を経てオンライン空間をはじめとした「一人」の空間がより強力になりつつあります。たとえば、ネット通販大手のAmazonは顧客の検索履歴に基づいてその人に必要な商品を導き出し、私たちが必要なものを過不足なくおすすめしてくれます。Amazonでの買い物にはほかの客や店員など、「生身の他人の存在」は必要ないような設計がされています。

すでに第四章ではマンハッタンとドンキを比較しながら、どちらも資本主義が生み出したシステムであるにもかかわらず、「隔離」と「融和」という異なるロジックで動いていることを示しました。いうなれば、オンライン空間は、この「隔離」という状態を究極までおしすすめた形ではないでしょうか。

Amazonではこの徹底的な隔離によって、買い物という空間に入り込むノイズはあらかじめ排除されています。そこに自分しかいないと思える状態が生まれることで、私たちは自分の思うままに買い物ができる一方、周りから隔離され他人や未知の商品との予期せぬ出会いも徹底的に閉ざされています。

また、ＧＡＦＡなどの巨大プラットフォーム企業が起こした問題として「フィルターバブル」があります。これは、まるで人が一つの泡のなかにいるような状況のことを示しています。ネットでなにかを調べると、その検索履歴がデータとして記録され、以後、その検索した言葉に関連のある投稿や広告などが表示され続けるという現象のことです。こうなると、人は自らが興味のあることばかりをネットを通じて知ることになり、その興味の幅は広がりません。逆に自分と似た人とばかり付き合うようになり、それ以外の価値観を持った他者への共感性がきわめて薄くなってしまうわけです。このように、現代はさまざまな価値観に出会うこと、そしてそれらの価値観の交流が難しい状態にあります。

そんななか、私たちはチェーンストアを利用することを通して、日々見知らぬ他者の存在を目にしています。あるいは、チェーンストアにまつわる話や、ＳＮＳの投稿を見聞きしたとき、見知らぬ他者の姿を想像します。話したこともない、あるいは会ったこともない他者の存在をチェーンストアという枠組みを通して想像する。この営みこそ価値観が異なる他者の姿に共感するきっかけを作ることができるのではないでしょうか。思えば私は、チェーンストアを考えたり、そこでの人々の生活や自分自身の記憶を思い出したりすることにより、このような「他者への想像力」を鍛えようとしているのかもしれません。

本書では「こじつけ」と言われても仕方のないロジックでドンキについて想像力を膨らませながら語ってきました。それもまた、ドンキという「他者」が持つロジックを想像しようとした結果なのかもしれません。そして、先ほど書いたことと関連させるならば、「都市をおもしろがる目」とは、都市という「他者」に想像力を働かせることでもあると思います。ただ自分が見たいようにチェーンストアを見つめているだけでは、そこにおもしろさは発見できないでしょう。そこに「想像力」が媒介するからこそ、「おもしろがる目」の獲得が可能になるのです。

「同じだが違う」というどっちつかずな特徴を持ったチェーンストアという空間は、コロナ禍を経てリアルな空間における他者とのつながりが希薄になり、グローバル企業が提供するプラットフォームのアルゴリズムによって「予期せぬ出会い」がなくなりつつある現代社会において、一つの有効な「他者への想像力のレッスン」になると私は確信しています。

だからこそ、私はチェーンストアをおもしろがり、肯定していきたいと思います。

『お耳に合いましたら。』をはじめ、いくつかのすぐれた作品は、すでにそのことに気がついています。想像力を鍛える場の一つである「チェーンストア」という空間から今後どのような想像力が生まれるのか。その可能性を担うのは私たちの「おもしろがる目」なのです。

あとがきにかえて

本書は、多くの方々の影響によって成り立っています。

終章では「おもしろい街はない。おもしろく街を見る目があるだけだ」という宮沢章夫の言葉を引用しました。宮沢は大学時代のゼミの担当教員であり、くり返しにはなりますが、私の恩師ともいうべき存在です。この言葉がなければ本書の基底を成している発想は生まれていなかったと思います。

本書を書く直接のきっかけになったのは、株式会社ゲンロンが主催する「ゲンロン 佐々木敦 批評再生塾」の最終課題として発表した「ドン・キホーテ論―あるいはドンペンという『不必要なペンギン』についての一考察」です。私はこの講座の第三期生だったのですが、同期には音楽や美術、映画、演劇、果ては医療まで、さまざまな分野の専門家が集まっていました。私は受講生の一人として、自分の強みを発揮できる分野を模索しました。その末に発見したのが「都市」や「建築」、ひいては現代の雑然とした都市についての考察でした。同期の人たちが書かない、あるいは書けない「スキマ」を狙って、自分の個性を発揮しようとしました。同期の個性あふれる同期がいなければ、私がチェーンストアについて長い文章を書くことはなかったでしょう。

また、「デイリーポータルZ」というウェブメディアに、ドンキなどのチェーンストアにまつわる文章を数多く寄稿したことも、本書の執筆の細部に生きています。とくに編集をしていただいている林雄司さん、くわえてデイリーポータルZ編集部のみなさんに感謝したいと思います。みなさんにもまた、「物をおもしろがる目」を養っていただきました。

そもそも、「ドンキ」というテーマに着目したきっかけも多くの人の影響があってのものです。私が二〇一七年に批評再生塾の最終課題のテーマに悩んでいたとき、所属していたサークルの買い出しにドンキがよく使われていました。そんなとき、ふと「ドンキについて大真面目に書いたらサークルの人がおもしろがってくれるのではないか」と考えたのがドンキについて考察する始まりでした。おそらく、サークルの人々がドンキをよく使っていなければ、この不思議な店に改めて注目することはなかったと思います。ドンキを使っていた友人たちに心から感謝したいと思います（たぶん、本人たちに自覚はないでしょうが……）。

くわえてこの本の編集をしていただいた吉田隆之介さんがいなければ、私が書いたドンキにまつわる文章はそのままネットの海に埋もれていました。そんなドンキ論を企画にしてくれて、出版にまでこぎつけていただいたのはほんとうに頭が下がることです。

本書は、さまざまな媒体で書いたドンキについての文章をまとめてレクチャーを行い、その内容を基に執筆を進めました。三回にわたる講義を聞いてくださった、金田富起子さん、河野咲子さん、樋口貴大さん、金子結美さんにはこの場を借りてお礼を申し上げます。

また、好き勝手やるのを許してくれた（許してくれているのだろうか？）父親と母親には、ほんとうに頭が上がりません。本書を出版できたことで、とりあえずの恩返しができたのではないかと思っています。

最後に、この本を手に取ってくださった読者の方々に心からお礼申し上げます。もし、この本を読んで都市や街を見る視点が変わったとしたら望外の喜びです。

参考・引用文献（登場順）

書籍・雑誌

多木浩二『都市の政治学』岩波新書、一九九四年
坂口孝則『ドン・キホーテだけが、なぜ強いのか？』ＰＨＰ研究所、二〇一八年
安田隆夫『安売り王一代―私の「ドン・キホーテ」人生』文春新書、二〇一五年
上田一生『ペンギンは歴史にもクチバシをはさむ』岩波書店、二〇〇六年
出口顯『レヴィ＝ストロース―まなざしの構造主義』河出ブックス、二〇一二年
中沢新一『野生の科学』講談社、二〇一二年
クロード・レヴィ＝ストロース、中沢新一訳・解説『火あぶりにされたサンタクロース』ＫＡＤＯＫＡＷＡ、二〇一六年
ロバート・ヴェンチューリ他、石井和紘・伊藤公文訳『ラスベガス』鹿島出版会、一九七八年
「RUB A DUB」第二号、一九九九年
「THE VILLAGE VANGUARD」二〇一五年
クリストファー・アレグザンダー、稲葉武司、押野見邦英訳『形の合成に関するノート／都市はツリーではない』鹿島出版会、二〇一三年
菊地敬一『ヴィレッジ・ヴァンガードで休日を』新風舎文庫、二〇〇五年
「週刊東洋経済」二〇一九年三月三十日号

安田隆夫、月泉博『情熱商人―ドン・キホーテ創業者の革命的小売経営論』商業界、二〇一三年
宮台真司「郊外化と近代の成熟」、『まぼろしの郊外―成熟社会を生きる若者たちの行方』朝日文庫、二〇〇〇年
原田曜平『ヤンキー経済―消費の主役・新保守層の正体』幻冬舎新書、二〇一四年
三浦展『ファスト風土化する日本』洋泉社新書、二〇〇四年
エベネザー・ハワード、山形浩生訳『[新訳]明日の田園都市』鹿島出版会、二〇一六年
「思想地図β」vol.1、二〇一一年
速水健朗『都市と消費とディズニーの夢―ショッピングモーライゼーションの時代』角川oneテーマ21、二〇一二年
斉藤徹『ショッピングモールの社会史』彩流社、二〇一七年
東浩紀、大山顕『ショッピングモールから考える―ユートピア・バックヤード・未来都市』幻冬舎新書、二〇一六年
トマス・モア、澤田昭夫訳『改版 ユートピア』中公文庫、一九九三年
大石始『盆踊りの戦後史―「ふるさと」の喪失と創造』筑摩選書、二〇二〇年
ジョゼフ・ランザ、岩本正恵訳『エレベーター・ミュージック―BGMの歴史』白水社、一九九七年
妙木忍『秘宝館という文化装置』青弓社、二〇一四年
陣内秀信『東京の空間人類学』ちくま学芸文庫、一九九二年
中谷礼仁『セヴェラルネス+―事物連鎖と都市・建築・人間』鹿島出版会、二〇一一年

中沢新一『増補改訂 アースダイバー』講談社、二〇一九年
鈴木博之『東京の地霊』ちくま学芸文庫、二〇〇九年
レム・コールハース、鈴木圭介訳『錯乱のニューヨーク』ちくま学芸文庫、一九九九年
五十嵐太郎、南泰裕編『レム・コールハースは何を変えたのか』鹿島出版会、二〇一四年
小田光雄『〈郊外〉の誕生と死』青弓社、一九九七年
スコット・ギャロウェイ、渡会圭子訳『the four GAFA—四騎士が創り変えた世界』東洋経済新報社、二〇一八年
佐野眞一『カリスマ—中内㓛とダイエーの「戦後」』日経BP社、一九九八年
嶋村ヒロ『ドンキに行ったら外国人がすごかった』メディアファクトリー、二〇一四年

ウェブサイト（二〇二一年十二月二十二日閲覧）
山下奉仁「ファミマがドンキになったら？ 棚一面グミだらけ」日経×TREND、二〇一八年六月四日掲載
https://xtrend.nikkei.com/atcl/trn/column/15/1019373/060100143/
「小舟の先輩たちのインタビュー① 長谷川朗さん」ほぼ日刊イトイ新聞、二〇二〇年一月十七日掲載
https://www.1101.com/intern/kobune_2020/interview/hasegawa/hasegawa02.html
「経済インサイド イトーヨーカ堂の閉店ラッシュでドンキホーテの笑いが止まらない！ 居抜き物件を続々入手し、年商1兆円にジワリ…」産経新聞オンライン、二〇一六年九月二十六日掲載

https://www.sankei.com/article/20160926-UBZYPLT6SNO4TFATGKJVGQNGHE/
井上マサキ「スーパーでよく聞く『♪ポポポポポ〜』を流す機械を作った会社」デイリーポータルZ、二〇一七年十月十三日掲載
https://dailyportalz.jp/kiji/171012200897
都市商業研究所「『ドン・キホーテ』、居抜き出店戦略の結果生まれるさまざまな外観」ハーバー・ビジネス・オンライン、二〇一八年七月三十一日掲載
https://hbol.jp/pc/171673
かとみ「いろんな形のセブンイレブンを愛おしむ」オモコロ、二〇一八年十一月十三日掲載
https://omocoro.jp/kiji/156833/
藤原奈緒「『お耳に合いましたら。』に凝縮された幸せな時間　「一人ではない」というメッセージ」リアルサウンド、二〇二一年九月二十三日掲載
https://realsound.jp/movie/2021/09/post-864989.html

本書は二〇二〇年七月にゲンロンαで三回にわたって掲載された論考「ドン・キホーテ論―あるいはドンペンという『不必要なペンギン』についての一考察」を基に大幅な加筆・修正を加えたものです。

各店舗の情報は本書執筆時のものです。

谷頭和希（たにがしら　かずき）

ライター。一九九七年生まれ。早稲田大学文化構想学部卒業後、早稲田大学教育学術院国語教育専攻に在籍。デイリーポータルZ、オモコロ、サンポーなどのウェブメディアにチェーンストア、テーマパーク、都市についての原稿を執筆。批評観光誌「LOCUST」編集部所属。二〇一七年から一八年に「ゲンロン　佐々木敦　批評再生塾　第三期」に参加し、宇川直宏賞を受賞。本作が初の著書。

ドンキにはなぜペンギンがいるのか

二〇二二年二月二二日　第一刷発行　　集英社新書一一〇四B

著者……谷頭《たにがしら》和《かず》希《き》

発行者……樋口尚也

発行所……株式会社集英社

東京都千代田区一ツ橋二-五-一〇　郵便番号一〇一-八〇五〇

電話　〇三-三二三〇-六三九一（編集部）
〇三-三二三〇-六〇八〇（読者係）
〇三-三二三〇-六三九三（販売部）書店専用

装幀……原　研哉

印刷所……大日本印刷株式会社　凸版印刷株式会社

製本所……加藤製本株式会社

定価はカバーに表示してあります。

ISBN 978-4-08-721204-4 C0236

a pilot of wisdom

集英社新書　好評既刊

政治・経済――A

沈みゆく大国 アメリカ〈逃げ切れ！ 日本の医療〉　堤 未果
「朝日新聞」問題　徳山 喜雄
丸山眞男と田中角栄「戦後民主主義」の逆襲　佐高 信／早野 透
英語化は愚民化 日本の国力が地に落ちる　施 光恒
宇沢弘文のメッセージ　大塚 信一
経済的徴兵制　布施 祐仁
国家戦略特区の正体 外資に売られる日本　郭 洋春
愛国と信仰の構造 全体主義はよみがえるのか　中島 岳志／島薗 進
イスラームとの講和 文明の共存をめざして　内藤 正典／中田 考
「憲法改正」の真実　樋口 陽一／小林 節
世界を動かす巨人たち〈政治家編〉　池上 彰
安倍官邸とテレビ　砂川 浩慶
普天間・辺野古 歪められた二〇年　宮城 大蔵／渡辺 豪
イランの野望 浮上する「シーア派大国」　鵜塚 健
自民党と創価学会　佐高 信
世界「最終」戦争論 近代の終焉を超えて　内田 樹／姜 尚中

日本会議 戦前回帰への情念　山崎 雅弘
不平等をめぐる戦争 グローバル税制は可能か？　上村 雄彦
中央銀行は持ちこたえられるか　河村小百合
近代天皇論 ――「神聖」か、「象徴」か　片山 杜秀／島薗 進
地方議会を再生する　相川 俊英
ビッグデータの支配とプライバシー危機　宮下 紘
スノーデン 日本への警告　エドワード・スノーデン／青木 理 ほか
閉じてゆく帝国と逆説の21世紀経済　水野 和夫
新・日米安保論　柳澤 協二／伊勢﨑 賢治／加藤 朗
グローバリズム その先の悲劇に備えよ　中野 剛志／柴山 桂太
世界を動かす巨人たち〈経済人編〉　池上 彰
アジア辺境論 これが日本の生きる道　内田 樹／姜 尚中
ナチスの「手口」と緊急事態条項　長谷部 恭男／石田 勇治
「在日」を生きる ある詩人の闘争史　金 時鐘／佐高 信
改憲的護憲論　松竹 伸幸
決断のとき――トモダチ作戦と涙の基金　小泉 純一郎／取材・構成 常井 健一
公文書問題 日本の「闇」の核心　瀬畑 源

集英社新書　好評既刊

社会——B

- 医療再生 日本とアメリカの現場から　大木隆生
- ブームをつくる 人がみずから動く仕組み　殿村美樹
- 「18歳選挙権」で社会はどう変わるか　林　大介
- 3.11後の叛乱 反原連・しばき隊・SEALDs　笠井　潔／野間易通
- 「戦後80年」はあるのか ——「本と新聞の大学」講義録　一色　清／姜尚中ほか
- 非モテの品格 男にとって「弱さ」とは何か　杉田俊介
- 「イスラム国」はテロの元凶ではない　川上泰徳
- 日本人 失格　田村　淳
- たとえ世界が終わっても その先の日本を生きる君たちへ　橋本　治
- あなたの隣の放射能汚染ゴミ　まさのあつこ
- マンションは日本人を幸せにするか　榊　淳司
- 敗者の想像力　加藤典洋
- 人間の居場所　田原　牧
- いとも優雅な意地悪の教本　橋本　治
- 世界のタブー　阿門　禮
- 明治維新150年を考える ——「本と新聞の大学」講義録　一色　清／姜尚中ほか
- 「富士そば」は、なぜアルバイトにボーナスを出すのか　丹　道夫
- 男と女の理不尽な愉しみ　林　真理子／壇　蜜
- 欲望する「ことば」 「社会記号」とマーケティング　嶋浩一郎／松井　剛
- ぼくたちはこの国をこんなふうに愛することに決めた　高橋源一郎
- ペンの力　浅田次郎／吉岡　忍
- 「東北のハワイ」は、なぜV字回復したのか スパリゾートハワイアンズの奇跡　清水一利
- 村の酒屋を復活させる 田沢ワイン村の挑戦　玉村豊男
- デジタル・ポピュリズム 操作される世論と民主主義　福田直子
- 戦後と災後の間——溶融するメディアと社会　吉見俊哉
- 「定年後」はお寺が居場所　星野　哲
- ルポ 漂流する民主主義　真鍋弘樹
- ルポ ひきこもり未満　池上正樹
- 中国人のこころ 「ことば」からみる思考と感覚　小野秀樹
- わかりやすさの罠 池上流「知る力」の鍛え方　池上　彰
- メディアは誰のものか ——「本と新聞の大学」講義録　一色　清／姜尚中ほか
- 京大的アホがなぜ必要か　酒井　敏
- 天井のない監獄 ガザの声を聴け！　清田明宏

a pilot of wisdom

集英社新書　好評既刊

文芸・芸術——F

a pilot of wisdom

荒木飛呂彦の漫画術	荒木飛呂彦
世阿弥の世界	増田正造
ヤマザキマリの 偏愛ルネサンス美術論	ヤマザキマリ
テロと文学 9・11後のアメリカと世界	上岡伸雄
漱石のことば	姜尚中
「建築」で日本を変える	伊東豊雄
子規と漱石 友情が育んだ写実の近代	小森陽一
安吾のことば 「正直に生き抜く」ためのヒント	藤沢周 編
いちまいの絵 生きているうちに見るべき名画	原田マハ
松本清張「隠蔽と暴露」の作家	高橋敏夫
私が愛した映画たち	吉永小百合 取材・構成 立花珠樹
タンゴと日本人	生明俊雄
源氏物語を反体制文学として読んでみる	三田誠広
堀田善衛を読む 世界を知り抜くための羅針盤	池澤夏樹ほか
三島由紀夫 ふたつの謎	大澤真幸
慶應義塾文学科教授 永井荷風	末延芳晴
レオナルド・ダ・ヴィンチ ミラノ宮廷のエンターテイナー	斎藤泰弘
モーツァルトは「アマデウス」ではない	石井宏
「井上ひさし」を読む 人生を肯定するまなざし	小森陽一 成田龍一 編著
百田尚樹をぜんぶ読む	杉田俊介 藤田直哉
北澤楽天と岡本一平 日本漫画の二人の祖	竹内一郎
音楽が聴けなくなる日	宮台真司 永田夏来 かがりはるき
谷崎潤一郎 性慾と文学	千葉俊二
英米文学者と読む「約束のネバーランド」	戸田慧
苦海・浄土・日本 石牟礼道子 もだえ神の精神	田中優子
万葉百歌 こころの旅	松本章男
拡張するキュレーション 価値を生み出す技術	暮沢剛巳
最後の文人 石川淳の世界	田中優子 小林ふみ子ほか
職業としてのシネマ	髙野てるみ
演劇入門 生きることは演じること	鴻上尚史
ドストエフスキー 黒い言葉	亀山郁夫
完全解説ウルトラマン不滅の10大決戦	古谷敏 やくみつる 佐々木徹
文豪と俳句	岸本尚毅
EPICソニーとその時代	スージー鈴木

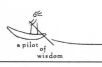

a pilot of wisdom

集英社新書　好評既刊

コロナとWHO　感染症対策の「司令塔」は機能したか
笹沢教一　1092-I
WHOは新型コロナウイルスに対して的確な対応をとってきたのか。様々な施策を緻密に検証する。

シンプル思考
里崎智也　1093-B
第一回WBCで日本代表の正捕手を務めた著者が、迷わず決断し行動するために必要な思考法を説く。

代表制民主主義はなぜ失敗したのか
藤井達夫　1094-A
ポピュリズムが席捲する中、民主主義はどこへ向かうのか。政治理論を基に様々な可能性を検証する。

シングルマザー、その後〈ノンフィクション〉
黒川祥子　1095-N
国から見放された女性たちの痛切な叫びに耳を傾け、制度の不作為を告発するルポルタージュ。

会社ではネガティブな人を活かしなさい
友原章典　1096-A
幸福研究を専門とする著者が、最新の研究から個人の性格に合わせた組織作りや働きかたを提示する。

胃は歳をとらない
三輪洋人　1097-I
胃の不調や疲労は、加齢ではない別の原因がある。消化器内科の名医が適切な治療とセルフケアを示す。

他者と生きる　リスク・病い・死をめぐる人類学
磯野真穂　1098-I
リスク管理と健康維持のハウツーは救済になるか。人類学の知見を用い、他者と生きる人間の在り方を問う。

韓国カルチャー　隣人の素顔と現在
伊東順子　1099-B
社会の〝いま〟を巧妙に映し出す鏡であるさまざまなカルチャーから、韓国のリアルな姿を考察する。

9つの人生　現代インドの聖なるものを求めて〈ノンフィクション〉
ウィリアム・ダルリンプル／パロミタ友美　訳　1100-N
現代インドの辺境で伝統や信仰を受け継ぐ人々を取材。現代文明と精神文化の間に息づくかけがえのない物語。

哲学で抵抗する
高桑和巳　1101-C
あらゆる哲学は抵抗である。奴隷戦争、先住民の闘争、啓蒙主義、公民権運動などを例に挙げる異色の入門書。

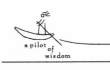